미니멀 밥상

식재료, 조리법, 그릇까지 최소한으로
미니멀 키친라이프

이 책을 이런 분에게 추천합니다

식단 짜기가 귀찮아서
매일 뭘 해 먹을까 고민해요

장보러 가면
나도 모르게 잔뜩 사버려요

요리를 너무 많이
만들어버려요

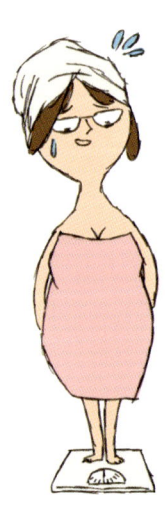

후회하면서도
계속 과식을 하게 돼요

바빠서 요리할 시간이
도저히 생기지 않아요!

음식을 하고 나면
설거지가 많이 나와서 힘들어요

냉장고에 음식 재료가
썩어가고 있어요

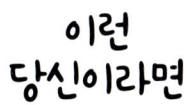

이런
당신이라면

'미니멀 밥상'이
당신의 생활을 바꿔줄 거예요

예를 들어

'미니멀 밥상'을 실천하면 마음에 여유가 생겨요

식재료를 낭비하지 않으니
가정 경제에도 도움이 됩니다

식재료와 도구가 모두 미니멀이라
식단을 고민할 필요가 없어 요리가 편해져요

그릇도 미니멀이라 설거지도 즐거워요
주방이 언제나 깨끗하게 유지된답니다

과식하지 않아서
건강에도 좋아요

미니멀 키친라이프를 시작하다

지금으로부터 3년 전, 책과 CD, 장식품 등을 단숨에 버리고 정리했지요. 덕분에 깔끔해진 주방에서 커피를 내릴 수 있게 되었습니다. 원두를 가는 소리, 커피향, 뜨거운 물을 부을 때의 고요함, 흰색 카운터형 테이블로 들어오는 햇살. 그 풍경을 바라보는 제 마음은 아무 걱정 없이 편안해졌습니다.

이 자유롭고 평온한 기분은 무엇일까 궁금해서 비슷한 삶의 방식을 가진 사람을 찾아 서점에 가 보았습니다.

하지만 서점에서는 원하는 단어를 찾을 수 없었고 결국 인터넷을 통해 미국에서 발견하게 되었지요. 미니멀리스트, 미니멀리즘, 미니멀라이프라는 단어였습니다.

일본어로 하면 '최소한주의'.

자신이 가진 물건을 가능한 적게 줄여서 살아간다. 집에도 최소한의 물건만 두고 살아 본다. 이 삶의 방식에 공감한 저는 제 나름대로의 미니멀라이프를 실천하게 되었습니다.

옷과 잡화 등 좋아했던 물건을 버리는 것이 미니멀라이프의 큰 요소였지만 많은 부분을 차지하고 있던 것은 '부엌 살림'이었습니다.

음식을 만들고, 마실 것을 준비하고, 설거지하고 정리하는 부분 말입니다. 이 일을 미니멀하게 해내지 않으면 제가 원하는 미니멀라이프, 심플한 생활은 힘들다는 것을 깨달았어요. 식사를 준비하면서 조리 도구는 계속 개수대에 쌓이고, 식사를 마친 후엔 설거지감이 추가됩니다.

설거지를 했다고 해도 식기건조대에 접시가 잔뜩 쌓여있다면 미니멀라이프의 분위기는 무너져버리지요.

언제 어느 때든, 물건이 놓여있지 않는 시원스런 공간을 실현하려면 우선 주방을 최소한으로 만들어야 했습니다. 이를 위해 여러 방면으로 고민하며 실천하다보니 오롯이 식사에 집중할 수 있고, 심플하면서도 맛있게 먹을 수 있는 날들이 찾아왔습니다.

제가 실천하는 것은 아래와 같습니다.

· 식재료를 이것저것 변덕스럽게 고르지 않는다.
· 일식을 중심으로 한다.
· 매일 같은 그릇을 쓴다.
· 작은 그릇으로 먹는다. 여러 개의 접시를 한꺼번에 식탁에 올려놓지 않는다.
· 설거지 후 즉시 물기를 닦고 바로 수납한다.

식사는 항상 소박합니다. 영양 듬뿍이라든지 여러 가지 식재료라든지, 그런 것은 생각하지 않아요. 그저 심플하게, 육수를 내고 채소를 넣고, 소금만 사용해서 간을 맞춘 반찬과 흰밥. 여기에 낫또나 절임, 밑반찬을 곁들입니다. 가끔씩은 생선을 구워요. 집밥만 먹다가 지치고 싶지 않아서 외식도 합니다. 외식을 할 때는 '일식을 중심으로'라는 규칙은 적용하지 않습니다.

작은 컵 모양 그릇 하나만 식탁에 올릴 때도 있고, 3개 정도의 그릇을 올려놓을 때도 있습니다. 작은 컵 모양 그릇에는 조금 밖에 들어가지 않기 때문에 추가해서 먹습니다. 한꺼번에 식탁에 올려놓고 먹는 것이 아니라 3종류의 요리가 있어도 조금씩 나눠 담아 먹을 때도 있습니다.

식탁 위에 그릇이 하나만 있으면 일본식 코스 요리인 '가이세키 요리'를 먹는 것 같은 기분이 듭니다. 컵 모양 그릇은 설거지를 줄이고 싶어서 유리공예가인 친구에게 주문한 것입니다.

미니멀한 식사를 계속하는 매일은 마치 어느 고즈넉한 식당에서 사는 듯한 느낌입니다. 깨끗하게 정돈된 주방에서 따뜻하고 심플한 식사를 하고, 차와 커피를 즐기는 생활입니다. '미니멀 밥상'은 따뜻하면서 평온하고, 안정된 요리입니다. 심플하지만 풍성한 최고의 시간을 먹는 것입니다.

누마하타 나오키

Contents

이 책을 이런 분에게 추천합니다 2
미니멀 키친라이프를 시작하다 6

제1장
미니멀 밥상의 기본

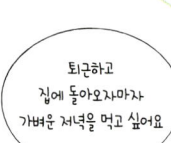

미니멀 밥상과 '최소한' 13
정리도 간단해지는 미니멀 그릇 사용법 14
무와 당근과 닭고기 육수 조림 16

제2장
미니멀 밥상 레시피

조미료는 이것으로 충분해요 19

Case 1 싱글의 평일 식사 20
흰쌀밥과 밑반찬으로 만드는 간단 나물밥 22
맛있는 푸른 채소를 얹은 두유 탄탄면 24
일본풍 수프와 구운 주먹밥 리조또 26

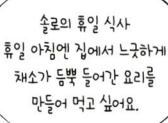

Case 2 싱글의 휴일 식사 28
카레루 없이 쉽게 만드는 두부 카레 덮밥 30
색이 예쁜 연어 영양밥 32

둘이 사는 커플이에요.
퇴근 길에 문 닫기 직전인
슈퍼에서 장을 봅니다.

Case 3 커플의 평일 식사 34
아삭아삭 무와 반건조 생선 오차츠케 36
비빔밥 스타일 돼지고기 생강구이 38
닭고기와 대파가 우러난 국물 찍어먹는 우동 40

Case 4 커플의 휴일 식사 42
오일정어리와 버섯 듬뿍 영양밥 44
달콤한 토마토소스를 뿌린 영양 가득 치킨 46

느긋하게 쉬고 싶은 휴일.
냉장고에 있는 재료랑
장 본 재료로
뭔가 만들어봐야지

미니멀 밑반찬 레시피 29 – 양파, 무, 당근, 감자, 양배추, 푸른 채소, 우엉, 토마토, 버섯
밑반찬을 만들어두면 매일의 요리가 미니멀해집니다 48

육수를 우려보세요 50 : 양파 매실장아찌 조림 · 양파 수프 51
무채 간장볶음 52 : 홍고추를 넣은 무와 유부 조림 53 : 무 매실장아찌 무침 54
무와 벚꽃새우 볶음 55 : 오키나와식 당근 볶음 56 : 당근 라페 57
당근과 명란젓 볶음 58 : 당근 육수 절임 59 : 감자채 볶음 60
일본풍 감자샐러드 61 : 감자 포타주 62 : 깨를 뿌린 감자와 참치볶음 63
일본식 양배추 얼절이 · 코울슬로 64
푸른 채소 으깬 두부무침 · 푸른 채소 참깨무침 · 푸른 채소 초간장조림 65
우엉 조림 · 우엉 마리네 66 : 방울토마토 벌꿀 마리네 · 방울토마토 소스 67
버섯 구이 절임 · 팽이버섯 조림 68 : 버섯마리네 69 : 달걀조림 (니다마고) · 파래 달걀 소보로 70

미니멀 한접시 요리 20 – 달걀, 고기, 생선, 수프
메인은 한 접시 요리, 심플한 식탁이 좋아요 71

달걀 요리
두부와 시라스 달걀볶음 · 참치와 채 썬 양배추 달걀볶음 72
아보카도와 명란젓 달걀말이 · 낫또와 쪽파 달걀말이 73

고기 요리
부드러운 일본식 삼겹살조림 74
달콤짭짤하게 조린 닭날개 튀김 76
파소금소스를 뿌린 닭 77
촉촉하고 쫄깃쫄깃한 소금에 절인 돼지고기 78
부드러운 닭고기 차슈 80
돼지고기 마늘간장절임 82

생선 요리
창창야키풍 생연어와 양배추 84
생연어 김치볶음 85
생연어 아쿠아 파짜 86
생연어와 참마 일본된장 크림 조림 87

수프
브로콜리와 파르메산 치즈 수프 · 순무 수프 88
무와 낫또를 넣은 김치국 · 완두순과 고등어를 넣은 하루사메 수프 89
단호박과 토마토 일본된장 포타주 · 두부 콘 수프 90

제3장
미니멀 요리로 대접하기

남자친구와 집밥
식탁에 요리 하나만 올린 가이세키 요리 스타일
남자친구에게 대접하고 싶은 미니멀 식사

국물 · 밥 · 전채 · 회 · 구이 · 입가심 디저트 92

여자친구 한 사람 초대요리
올리브유로 황금빛 미니멀 파스타

알리오 올리오 95

직장동료들과 2차
술안주도 간단해요. 미니멀한 '술 친구'

간단 안주 3가지 96

Talk 98
처음에는 불가능하다고 생각했던 미니멀 밥상 레시피
누마하타 나오키 × 시모죠 미오

제4장
미니멀리스트의 키친

미니멀리스트의 아침 점심 저녁 101

미니멀 키친라이프 102

일하기 편하고 깔끔한 미니멀 키친 103

미니멀 냉장고 104

미니멀리스트 누마하타의 식탁 106

미니멀 밥상 10계명 110

제1장
미니멀 밥상의 기본

식사와 요리에서
미니멀을 추구하면 무엇이 좋은 것일까요?
어쩌면 이제껏 해왔던 식사나
요리법과 전혀 다를 수도 있습니다.
하지만 한번 시도해보면
수많은 장점을 발견할 수 있어요.
미니멀 밥상의 기본에 대해
생각해봅니다.

미니멀 밥상과 '최소한'

우선, 왜 미니멀(최소한)을 키워드로 요리를 하는가, 그 목적을 다시 한 번 생각해보고 싶습니다. 우리가 평소에 음식점에 식사하러 가거나 여행을 가서도 맛있는 식당을 찾아다니거나 멋진 카페에 가는 것은 왜일까요?

만약 그것이 복잡한 술집이 아니라 정돈되고 깔끔한 가게라면 아마 그 공간에 이끌려서가 아닐까요? 조미료와 식탁용 국자, 이런저런 쓰레기와 일정표, 설거지로 가득한 우리 집 부엌은 잠깐이라도 잊고 깨끗한 공간에서 편안하게 식사를 즐기고 싶은 것입니다.

오로지 식사에 집중할 수 있고, 맛을 즐길 수 있으며 설거지 걱정도 없는 그런 비일상적 체험을 원하기 때문에 음식점으로 향하는 것이겠지요.

이런 경험을 우리 집에서 실현해본다.
바로 이것이 '미니멀 밥상'입니다.
어떤 형태의 배치라도 물건이 전혀 놓여있지 않다면 괜찮습니다.

정리도 간단해지는
미니멀 그릇 사용법

**미니멀 밥상을 위한
컵 그릇**

미니멀을 추구하다보면
그릇도 하나로 해결하고 싶어집니다.
그래서 주문한 것이
이 컵같이 생긴 '그릇'입니다.

아무것도 놓지 않으면 시원스러운 공간이 탄생합니다.
그리고 아무것도 없는 테이블 위에 내가 만든 요리 하나.
맛있습니다. 즐겁습니다. 멋집니다.
이것을 실현하기 위한 키워드는 단 하나, 미니멀 밥상.
'많이' 하지 않는 것입니다.

미니멀이 필요한 리스트입니다.
- 식재료
- 조리법
- 냉장고 내용물
- 조리도구
- 그릇
- 설거지

컵 그릇 (바닥이 깊은 것) 하나일 때

이 그릇에 반찬을 담아요.
프라이팬이나 냄비에 만든 요리의 전부를 담는 것이 아니라
여기에 들어가는 만큼만 담고, 더 먹고 싶으면 추가해서 먹습니다.
식탁 위엔 늘 이 컵 그릇 하나.
다른 반찬을 담았을 때 그 맛들이 섞이는 것을 즐깁니다.
마지막에는 된장국을 담거나 컵의 용도로 차를 담아 먹기도 합니다.
그릇 설거지는 이 컵 그릇만으로 끝납니다.

컵 그릇 + 넓은 컵 그릇(바닥이 깊지 않은 것)

큼지막해서 생선 같은 것도 담기 편한 넓은 컵 그릇.
넓은 컵 그릇에 수프, 컵 그릇엔 밥.
반대로 컵 그릇엔 반찬, 넓은 컵 그릇에 밥을 담아도 좋아요.

컵 그릇 + 넓은 컵 그릇 + 밥공기

흰쌀밥을 같이 먹고 싶은 사람을 위해서 3개의 그릇을 사용합니다.
3개의 그릇을 쓰면 일반적인 식탁이지만 다른 반찬이 더 있어도
이 3개로 해결하려고 하면 식탁이 깔끔하답니다.

저는 젊은 시절에 요리를 조금 해본 덕분에
다양한 요리를 만들 수 있지만 굳이 여러 가지를
하지 않습니다. 그저 '육수'를 내고 들어갈 '재료'
를 준비할 뿐입니다.
새로운 변화를 즐기고 싶을 땐 외식을 합니다.
집에서 할 것은 일단 '육수'내기(50쪽 참조).
육수를 내는 법도 여러 가지가 있어요.

· 조개나 새우 등의 해산물로 육수를 낸다.
· 닭고기, 돼지고기 등으로 육수를 낸다.
· 다시마, 가다랑어포로 육수를 낸다.
· 다시팩으로 육수를 낸다.

이 리스트를 기억해두세요.

만약 선물로 받은 맛있는 육수팩이 있으면 그것
을 사용해요. 육수팩을 쓰면 다시마와 가다랑어
포로 직접 우린 육수보다 맛있게 만들 수 있어요.

건더기와 육수만으로 만드는 간단 요리
무와 당근과 닭고기 육수 조림

맛있는 육수팩으로 만들면
꽤 그럴듯하게 완성되는 미니멀 요리.
가장 추천하고 싶은 것은 닭고기.

만드는 법
육수를 냈으면 잘게 썬 채소와 고기를 넣고 푹 끓여만 줍니다. 입맛에 따라 소금을 첨가하세요.

닭고기와 새우(회로 먹을 수 있는 새우를 사용) 육수도 다를 바 없습니다. 이 경우엔 육수 재료가 그대로 건더기가 되므로 일석이조지요. 다시마와 가다랑어포로 육수를 내는 것은 약간 귀찮긴 하지만 요리 시간을 온전히 즐길 수 있는 무척 멋진 일입니다.

육수를 냈다면 간단하게 채소를 잘라 넣고 푹 끓여줍니다. 일인분은 몇 분이면 완성할 수 있어요.

'무와 당근과 닭고기 육수조림'

우선 이 요리가 기본입니다. 나머지는 늘 냉장고에 있는 낫토로 낫토밥을 하거나 메추리알을 간장과 육수에 조린 밑반찬을 곁들이지요. 때로는 생선을 굽기도 합니다.

이 정도로만 만들어 먹고 거의 변화를 주지 않기 때문에 질릴 수도 있어요.

하지만 저는 이렇게 단순하게 생각해야 식사를 준비하려는 의욕을 유지할 수 있었어요.

정말 미니멀하게 요리하고 싶다면
이 세트로 얼마든지 만들 수 있어요

소금
맛있는 소금이 있으면 조미료가 미니멀화되어 요리가 심플해집니다.

육수팩
여러 가지 육수팩이 시판되고 있어 깊은 맛의 육수를 쉽게 우려낼 수 있습니다.

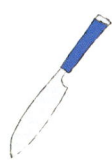

칼
좋은 칼을 사용하면 식재료의 맛을 잘 끌어낼 수 있습니다.

도마
얇은 도마를 쓰거나 도마 대신 우유팩을 사용하는 등의 방법으로 미니멀하게.

냄비
중간사이즈 냄비(20cm 전후) 하나가 있으면 대부분의 요리를 만들 수 있어요.

국자
국물을 뜰 때 있으면 편리. 스테인리스제를 추천.

젓가락
일반 젓가락도 OK. 프라이팬이나 뜨거운 냄비 속 식재료를 저어줄 때나 음식을 그릇에 담을 때 편리.

매일 음식을 만든다는 것은 정말 보통일이 아닙니다. 3개월 정도 의욕이 지속되기도 하지만 동기가 떨어지면 아무것도 만들고 싶지 않더라고요. 그런 체험을 반복한 후부터는 '지나치게 열심히 하지 않기'로 했습니다.

이 책에서 소개하는 레시피는 이런 미니멀 요리법을 기본으로 해서 요리연구가인 시모죠 미오 씨와 함께 만들었습니다. 조미료와 식재료를 많이 쓰지 않고, 적은 그릇으로 먹을 수 있는 요리.

그런데도 맛있는 요리입니다.

많은 그릇을 사용하지 않고, 적은 그릇을 쓰고 요리를 다 먹었으면 다음 요리를 담습니다. 먼저 먹은 요리의 맛이 약간 섞여서 더욱 맛이 있어요.

미니멀 요리 레시피입니다.

제2장
미니멀 밥상 레시피

이 책에서 마음에 드는 요리를 찾았나요?
그럼 일주일에 3번 정도는 만들어 먹어보세요.
무리해서 매일 다른 요리를 만들 필요는 없습니다.
외식도 하세요.
요리는 만들고 싶을 때 하면 된답니다.

레시피 제안
시모조 미오

이 책의 규칙
1큰술= 15ml, 1작은술= 5ml, 1컵= 200ml
전자레인지는 500W일 때 가열시간. 사용하는 전자레인지의 W에 맞춰 상태를 보면서 조리하세요.

조미료는 이것으로 충분해요

최소한의 조미료로 맛있게 만드는 레시피

'미니멀 밥상' 레시피에서 사용하는 조미료는
기본적으로 이것뿐입니다.
기름은 샐러드유나 참기름 대신 올리브유만.
단맛은 맛술을 넣지 않고 설탕만으로.
짠맛은 소금, 간장, 일본 된장으로 맛의 변화를 줍니다.
감칠맛을 위해서는 육수를 씁니다.
육수를 사용하면 조미료를 더욱 줄일 수 있어요.

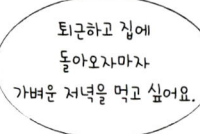

케이스 1
싱글의 평일 식사

흰쌀밥과 밑반찬으로 만드는
간단 나물밥

맛있는 푸른 채소를 얹은
두유 탄탄면

일본풍 수프와 함께 먹는
구운 주먹밥 리조또

미니멀 밥상
깜빡 씨의 비장의 무기
by 미짱

요즘 매일 야근이네.
밖에서 먹고 들어가야겠다.
그런데 뭘 먹지?

고민고민

앗! 집에 와 버렸어.

아, 맞다!
나에겐 밑반찬이 있었지!
우동이라도 만들어볼까?

오~ 이렇게 쉽게
이렇게 맛있는 요리가
완성되다니!

내일도
열심히 살아야지!

밑반찬이 있으니
진짜 편하네.

**케이스 1
싱글의 평일 식사**

달걀 된장국

나물밥

흰쌀밥과 밑반찬으로
만드는 간단 나물밥

밑반찬
[버섯 마리네] (69쪽)
바닥이 낮은 그릇에 담는다

나물밥

재료(1인분)

밑반찬 재료 데친 푸른 채소(65쪽) : 30g
소금 : 약간
올리브 오일 : 1/2작은술
시라스(잔멸치 종류) : 2큰술
따뜻한 밥 : 1공기(180g)
검은깨 : 적당량

만드는 법

1 데친 푸른 채소는 잘게 썰어 소금에 버무려 5분 둔다.

2 따뜻한 밥을 보울에 담고 올리브유, 시라스, 1을 넣고 재빨리 섞는다.
   소금으로 간을 맞춘다.
   밥공기에 담은 후, 검은깨를 뿌린다.

올리브유를 조금 넣어
맛을 내면
나물밥에 감칠 맛이!

밑반찬이 있으면
이것만 사면 끝

시라스(잔멸치 종류)
달걀
양파

이래서 맛있다!
밥에 소금을 직접 뿌리지 않고
[데친 푸른 채소](65쪽)에
소금을 넣고 무치면 간이
절묘하게 맞아요.

달걀 된장국

재료(1인분)

달걀 : 1개
양파 : 1/4개
육수 : 250ml
일본 된장 : 적당량

만드는 법

1 냄비에 육수를 넣어 데우고, 얇게 썬 양파를 넣고 3분 끓인다. 간을 보면서 된장을 푼다.

2 달걀을 풀어서 젓가락을 대고 따라 넣는다. 부드럽게 섞어주면 완성.

3 바닥이 깊은 그릇에 담는다.

밑반찬 재료인 데친 푸른 채소를 이용하면 나물밥을 간단하게 만들 수 있어요. 시간도 재료도 조리 기구도 최소한. 남은 시라스는 소분해서 냉동 보관하세요.

**케이스 1
싱글의 평일 식사**

맛있는 푸른 채소를 얹은 두유 탄탄면

간단하면서
속이 편한

매콤한 두유 온면

바닥이 깊은
그릇에 담는다

zzzz...

이래서 맛있다!
[마늘]+[육수]+[두유]로
맛있어집니다.
두유의 감칠 맛과 마늘의
진한 맛을
충분히 즐길 수 있어요.

밑반찬이 있으면
이것만 사면 끝

다진 돼지고기
두유
우동

매콤한 두유 온면

재료(1인분)

우동 : 적당량
밑반찬 재료 데친 푸른 채소(65쪽) : 30g
다진 돼지고기 : 80g
다진 마늘 : 1/2작은술
홍고추(송송 썬 것) : 1/2개
올리브유 : 1큰술
a 육수 : 300ml
    청주 : 1큰술
    간장 : 1/2큰술
    일본 된장 : 1작은술
    설탕 : 1/4작은술
두유 : 50ml

만드는 법

1 데친 푸른 채소는 길이 3cm로 자른다.

2 냄비를 달군 후, 올리브유를 두르고 다진 마늘, 다진 돼지고기를 볶는다.
   색이 변했으면 홍고추, a를 넣고 약한 중불로 5분 끓인다.
   두유, 우동을 넣고 한소끔 끓인다.

3 바닥이 낮은 그릇에 담고 1을 곁들인다.

밑반찬 재료인 데친 푸른 채소를 토핑으로 사용합니다. 냉동 우동이나 생우동을 그대로 넣기 때문에 냄비 하나로 해결. 두유로 감칠맛과 영양을 더한 건강식입니다.

케이스 1
싱글의 평일 식사

일본풍 수프와
구운 주먹밥 리조또

Risotto!!

냉동밥이
일본풍 리조또로
재빨리 변신

이래서 맛있다!
냉동밥을 전자레인지에서
돌리고 뭉쳐서 굽기만 하면 완성
육수의 맛을 느낄 수 있는 매력적인
메뉴입니다.

밑반찬이 있으면
이것만 사면 끝

냉동밥
냉동 데친나물

일본풍 수프와
구운 주먹밥

처음에는 조금씩 풀어가면서
구운 주먹밥의 고소함을 즐기세요.
마지막엔 한꺼번에 무너뜨리기!

재료(1인분)

밑반찬 양파 수프(51쪽) : 300ml
밑반찬 재료 데친 푸른 채소(65쪽) : 30g
간장, 일본 된장 : 각 1/2작은술
주먹밥 : 1개
올리브유, 간장 : 각각 약간씩

만드는 법

1 냄비에 양파 수프를 넣고 끓으면 데친 푸른 채소를 넣고 한소끔 끓인다.
   일본 된장, 간장으로 간을 맞춘다.

2 프라이팬을 달군 후 올리브유를 두른다. 주먹밥을 넣고 양면을 굽는다.
   양면이 모두 노릇해지면 숟가락으로 재빨리 간장을 바르고 한 면씩 노릇노릇하게 굽는다.

3 바닥이 낮은 그릇에 1을 담고, 먹기 시작한다. 도중에 2를 넣고 주먹밥을 풀면서 먹는다.

끝으로 밑반찬인
[방울토마토 벌꿀 마리네]를 (67쪽)
다 먹은 그릇에 담아서 먹어요.

MINIMAL Point!

밑반찬의 조합(심플한 맛일수록 좋다)으로 채소가 듬뿍 들어간 수프를 만들어 만족도가 높아요.
바닥이 낮은 그릇 하나에 수프 → 주먹밥 담기 → 방울토마토 벌꿀 마리네(67쪽)(또는 당근 라페(57쪽)도 OK)까지 먹을 수 있어요.

> 휴일 아침엔 집에서 느긋하게
> 채소를 듬뿍 넣은 요리를
> 만들어 먹고 싶어요.

미짱

케이스 2
싱글의 휴일 식사

카레루 없이 쉽게 만드는
두부카레 덮밥

색이 예쁜
연어 영양밥

미니멀 밥상
냄비 카레는 귀찮아
by 미짱

아~, 쉬는 날이다. 야호! 오늘은 뭘 먹을까?

늦게까지 푹 잤더니 배가 고프네.

오늘은 건강 프라이팬 카레를 만들어보자!

두부를 넣어볼까?

두부랑 완전 잘 어울리네!

맛있다! 난 요리 천재가봐

케이스 2
싱글의 휴일 식사

카레루 없이 쉽게 만드는
두부 카레 덮밥

건강에 더없이 좋은
미니멀 칼로리 카레

두부로 만든 카레 소보로

이래서 맛있다!
고기보다 더 폭신폭신한 식감이
신기하고 새로워요.
밥이 살살 넘어가는
살찌지 않는 카레.

좋아하는 밑반찬
당근 육수 절임 (59쪽)
양파 매실장아찌 조림 (51쪽)
우엉조림 (66쪽) 등

밑반찬이 있으면
이것만 사면 끝

두부
다진 닭고기
피망, 양파

두부 카레 소보로

재료(1인분)

두부(단단한 것) : 1/2모
다진닭고기 : 100g
피망 : 1개
양파 : 1/4개
다진 마늘 : 1/4작은술
올리브유 : 1큰술
a 카레가루 : 1/2큰술
　청주 : 1큰술
　간장 : 2작은술
　일본된장 : 1작은술
　설탕 : 1/4작은술
소금 : 적당량
따뜻한 밥 : 적당량

만드는 법

1. 두부는 물기를 뺀다. 피망은 5mm 정사각형으로 자르고 양파는 다진다. a를 섞는다.

2. 프라이팬을 달군 후 올리브유를 두르고 다진 마늘, 양파를 넣고 중불에서 볶는다.
숨이 죽었으면 다진 고기를 넣고 풀어주면서 볶는다.
고기색이 변하면 두부, 피망을 넣고 나무 주걱으로 저어가며 볶는다.

3. a를 넣고 함께 볶다가 소금으로 간을 맞춘다.

4. 바닥이 낮은 그릇에 밥을 담고 3을 뿌린다. 좋아하는 밑반찬을 올린다.

10분이면 만들 수 있는 간단한 카레. 두부 카레 소보로를 만들어두면 밑반찬을 토핑으로, 간단하면서 건강한 카레를 만들 수 있어요. 두부 카레 소보로는 냉동 보관 가능 (약 1개월)

케이스 2
싱글의 휴일 식사

색이 예쁜
연어 영양밥

당근의 절묘한 단맛.
당근을 싫어하는 사람에게도 OK

밑반찬이 있으면
이것만 사면 끝

연어
참나물
당근

당근과 연어 영양밥

이래서 맛있다!
당근의 부드러운 단맛을 느낄 수 있어요.
당근을 갈아서 넣었기 때문에
색이 예뻐요.

참나물과 무 샐러드

참나물과 무 샐러드

재료(1인분)

참나물 : 〈당근과 연어밥〉 재료 중 남은 것
밑반찬 : 무채 간장볶음(52쪽)
　　　　또는 무와 벚꽃새우 소금볶음(55쪽)
올리브유, 소금 : 각 적당량

만드는 법

참나물은 잘게 썬다. 무로 만든 밑반찬과 무치고, 맛을 보면서 올리브유, 소금으로 간을 맞춘다. 바닥이 낮은 그릇에 담는다.

당근과 연어 영양밥

재료(1인분)

쌀 : 360ml
당근 : 1/2개(80g)
연어(또는 흰살생선 토막) : 1토막
육수 : 340ml
a　청주 : 1큰술
　　간장 : 1작은술
　　설탕 : 1/2 작은술
　　소금 : 1/4 작은술
참나물 : 적당량
소금 : 약간

만드는 법

1　당근은 갈아준다. 연어는 소금을 뿌린 후 그릴로 굽는다.

2　밥솥에 쌀을 넣고 육수, a를 넣고 섞는다. 1의 당근, 연어를 올리고 평소처럼 밥을 한다. 다 지어졌으면 연어를 꺼내서 껍질과 뼈를 제거한 다음, 솥에 다시 넣고 위 아래를 뒤집어서 섞어준다.

3　밥 공기에 담고 참나물을 올려서 장식한다.

당근과 연어 영양밥은 연어로 만들어 1인분이라도 호화로운 영양밥을 만들 수 있어요. 남으면 소분해서 냉동했다가 도시락에 넣어도 좋습니다. 남은 참나물은 밑반찬을 만들거나 샐러드로 버무려 드세요.

둘이 사는 커플이에요.
퇴근 길에 문 닫기 직전인
슈퍼에서 장을 봅니다.

고군   니짱

케이스 3
커플의 평일 식사

**아삭아삭 무와
반건조 생선 오차츠케**

**비빔밥 스타일
돼지고기 생강구이**

**닭고기와 대파가 우러난
국물 찍어먹는 우동**

케이스 3 커플의 평일 식사

아삭아삭 무와 반건조 생선 오차즈케

밑반찬
오키나와식 당근 볶음 (56쪽)
바닥이 깊은 그릇에 담는다

이래서 맛있다!
일반적인 오차즈케보다
포만감이 있어요.
반건조 생선과 밑반찬의 맛이
국물에 녹아들어서
더욱 맛있는 오차즈케.

무와 반건조 생선 오차츠케

무와 반건조 생선 오차츠케

재료(2인분)

밑반찬 : 무채 간장볶음(52쪽) 또는 홍고추를 넣은 무와 유부조림(53쪽)
반건조 생선(전갱이, 고등어 등) : 2마리
a 육수 : 400ml
　간장, 설탕 : 각 1/2작은술
　소금 : 1/4작은술
따뜻한 밥 : 2공기
볶은 흰깨, 쪽파(송송 썬 것) : 각 적당량

만드는 법

1 반건조 생선은 구운 다음, 껍질과 뼈를 제거하고 살만 발라준다.

2 냄비에 a를 넣고 불에 올려 데운다.

3 밥공기 또는 바닥이 낮은 그릇에 밥을 담고 무채 간장볶음 또는 홍고추를 넣은 무와 유부조림과 1을 올리고 2를 뿌린다.

4 볶은 흰깨와 쪽파를 뿌린다.

밑반찬이 있으면
이것만 사면 끝

**반건조 생선
쪽파**

생각보다 훨씬
멋진 비주얼

반건조 생선은 오래 보관할 수 있고 냉동도 가능합니다. 저장해두면 편리해요. 냉동했던 반건조 생선은 해동할 필요없이 바로 구워주세요.

비빔밥 스타일
돼지고기 생강구이

밑반찬 [코울슬로] (64쪽)
바닥이 깊은 그릇에 담는다

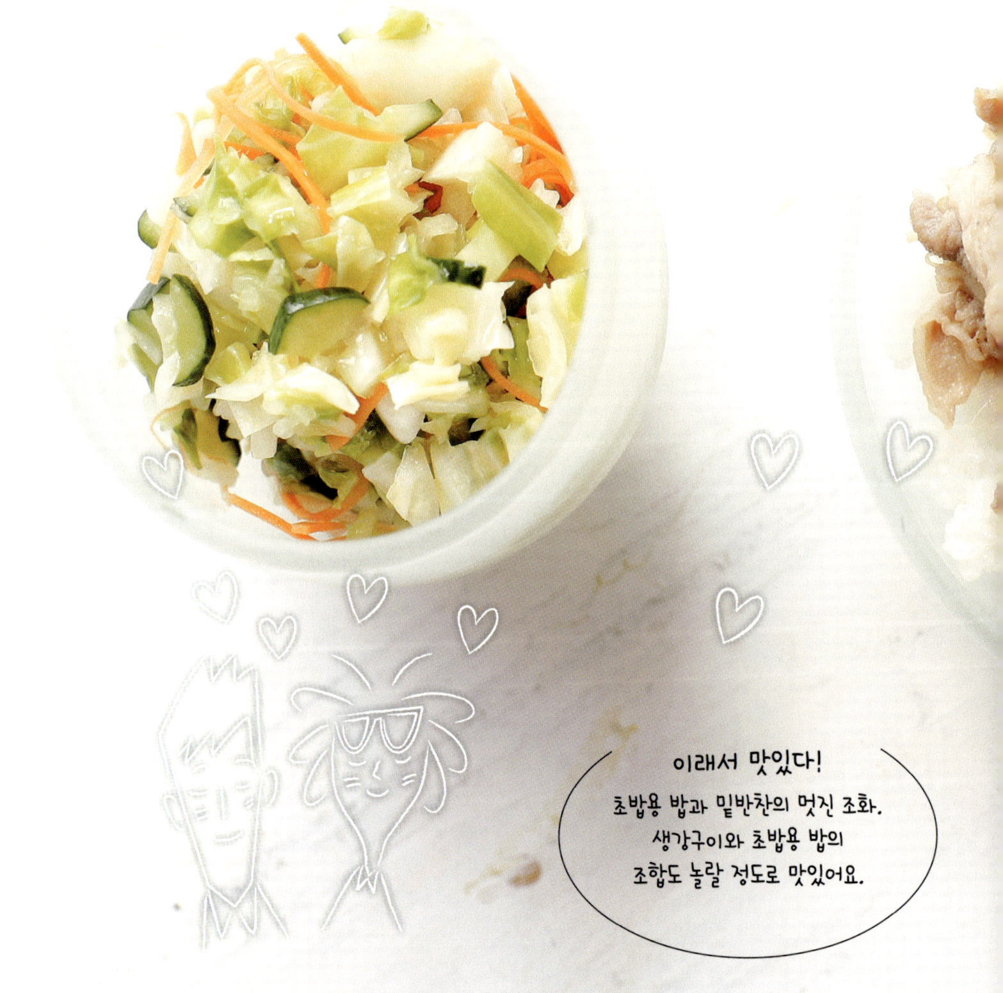

이래서 맛있다!
초밥용 밥과 밑반찬의 멋진 조화.
생강구이와 초밥용 밥의
조합도 놀랄 정도로 맛있어요.

> 밑반찬이 있으면
> 이것만 사면 끝
> ―――
> 대패삼겹살

돼지고기 생강구이 흩뿌림초밥

재료(2인분)

돼지고기 생강구이
　대패삼겹살 : 250g
　a 생강 간 것 : 1쪽
　　물, 간장 : 각 1 1/2큰술
　　청주, 설탕 : 각 2작은술
　　올리브유 : 1큰술
초밥용 밥
　따뜻한 밥 : 2공기분
　b 식초 1 1/2큰술
　　설탕 : 1/2큰술
　　소금 : 1/4작은술
밑반찬 : 오키나와식 당근볶음(56쪽)
밑반찬 : 푸른 채소 참깨무침(65쪽)

만드는 법

1 생강구이 – 돼지고기는 한입 크기로 자른다. 프라이팬을 달군 다음, 올리브유를 두른다. 돼지고기를 넣고 강불에서 볶는다. 색이 변했으면 a를 넣고 같이 볶는다.

2 b를 섞는다. 보울에 밥을 담고 b를 골고루 뿌리고 위 아래로 잘 섞는다.

3 바닥이 낮은 그릇에 2를 담고 1, 오키나와식 당근볶음, 푸른 채소 참깨무침을 보기 좋게 올린다.

돼지고기 생강구이 흩뿌림초밥

자유롭게 만들어보세요

MINIMAL Point!

밑반찬이 있으면 흩뿌림초밥도 순식간에 완성. 여러 가지 밑반찬으로 시도해보세요. 영양 밸런스도 OK.

**케이스 3
커플의 평일 식사**

닭고기와 대파가 우러난
국물 찍어먹는 우동

밑반찬이 있으면
이것만 사면 끝

우동
닭다리
대파

냉장고 파먹기용
대표 요리

국물 찍어먹는 우동

이래서 맛있다!
닭고기와 대파에서도
맛있는 육수가 나와
국물에 감칠맛이 돌아요.
달걀조림으로 맛을 플러스 업.

국물 찍어먹는 우동

재료(2인분)

냉동우동 : 2사리
닭다리 : 1개
대파 : 1개
밑반찬 달걀조림(70쪽) : 1개
생강 간 것 : 1쪽
올리브유 : 1큰술
a 육수 : 500ml
   청주 : 2큰술
   간장 : 1 1/2큰술
   설탕 : 1/2큰술
소금, 볶은 검은깨 : 각 적당량

만드는 법

1. 대파는 어슷썰기로 얇게 썬다.
   닭다리는 세로로 반 자른 다음, 폭 1cm 가로로 자르고 소금을 약간 뿌린다.

2. 프라이팬을 달군 후, 올리브유를 두르고 닭고기, 대파를 중불로 볶는다. 대파의 숨이 죽으면 a를 붓는다. 끓기 시작하면 약불에서 10분 끓인다. 맛을 봐서 싱거우면 소금으로 간을 한다. 바닥이 깊은 그릇에 담고 생강 간 것을 올린다.

3. 우동은 전자레인지로 가열한 다음, 바닥이 낮은 그릇에 담는다. 달걀조림을 반으로 잘라 곁들이고, 검은깨를 뿌린다.

4. 우동을 2의 국물에 찍어서 먹는다.

{ 우동을 전자레인지로 해동시키기 때문에 프라이팬 하나로 만들 수 있습니다. 고기와 채소 등, 냉장고에 남아있는 재료를 정리하고 싶을 때는 이 요리! }

밑반찬 [푸른 채소 초간장조림] (65쪽)
식사가 끝난 바닥이 깊은 그릇에 담아요

케이스 3
커플의 휴일 식사

오일 정어리와
버섯 듬뿍 영양밥

달콤한 토마토 소스를 뿌린
영양 가득 치킨

미니멀 밥상
고군의 의외의 면을 발견하다
by 니짱 and 고군

**케이스 3
둘만의 휴일 식사**

오일 정어리와
버섯 듬뿍 영양밥

푸른 채소 초간장조림

무 매실장아찌 수프

캔 하나로 완성하는
영양밥

오일 정어리와
버섯 구이조림 영양밥

이래서 맛있다!
오일 정어리의 감칠맛 덕분에
입맛없는 여름철에 딱!

밑반찬이 있으면
이것만 사면 끝

오일 정어리 캔
쪽파

밑반찬[푸른 채소 초간장조림] (65쪽)

육수가 베이스인 요리라 설거지할 필요없이 한 접시에 담아 순서대로 먹어도 맛있어요. 영양밥을 캔과 밑반찬인 버섯구이 절임의 감칠맛을 이용해 만들기 때문에 간편하답니다.

오일 정어리와
버섯을 넣은 영양밥

재료(2인분)

쌀 : 360ml(전기밥솥 계량컵 2컵 정도)
오일 정어리 : 1캔
생강 : 1쪽
밑반찬 버섯구이 절임(68쪽) : 60∼80g
a 육수 : 320ml
　청주 : 1큰술
　간장 : 1작은술
　설탕 : 1/2작은술
　소금 : 3꼬집
쪽파(송송 썬 것) : 적당량

만드는 법

1　쌀을 씻어 솥에 넣는다. a. 오일 정어리캔에 들어있는 기름 1큰술을 넣고 재빨리 섞는다.

2　생강은 채썬다. 1에 오일 정어리, 생강, 버섯구이 절임을 올리고 평소처럼 밥을 짓는다.

3　밥이 다 지어졌으면 주걱으로 위아래로 뒤집어 크게 섞는다. 그릇에 담은 후, 송송 썬 쪽파를 뿌린다.

무 매실장아찌
수프

재료(2인분)

밑반찬 무 매실장아찌 무침(54쪽) : 80g
육수 : 400ml
소금 : 적당량

만드는 법

육수를 데우고 무 매실장아찌 무침을 넣고 한소끔 끓인다. 싱거우면 소금으로 간을 맞춘다. 깊이가 있는 그릇에 담아 먹는다.

**케이스 3
둘만의 휴일 식사**

달콤한 토마토소스를 뿌린
영양 가득 치킨

치킨 소테
토마토소스

이래서 맛있다!
토마토의 응축된 감칠맛을
쉽게 맛볼 수 있는 메뉴

식탁이 화려해지는
건강 메뉴

밑반찬이 있으면
이것만 사면 끝

닭다리
애호박

밑반찬
[일본식 양배추 얼절이] (64쪽)
바닥이 깊은 그릇에 담는다

치킨 소테
토마토소스

재료(2인분)

닭다리 : 2개
밑반찬 방울토마토소스(67쪽)
애호박(or 주키니) : 1/2개
올리브유 : 1큰술
소금 : 적당량

만드는 법

1. 닭다리는 한 개당 소금 1/3 작은술씩 뿌려둔다.

2. 애호박은 얇게 통썰기한다. 프라이팬에 올리브유를 1/2를 두르고 달군다. 애호박을 재빨리 볶는다. 소금으로 간한 다음 꺼내놓는다.

3. 2의 프라이팬에 나머지 올리브유를 넣고 1을 약불에 올린다. 12~13분 정도 천천히 굽는다. 껍질이 노릇노릇해지면 뒤집어서 1분 굽는다. 먹기 좋게 자른다.

4. 방울토마토 소스는 전자레인지로 데운다.

5. 바닥이 낮은 그릇에 애호박을 깔고, 3을 올린 후 4를 끼얹는다.

MINIMAL Point!

방울토마토 소스는 소분해서 냉동 보관할 수 있어요(약 1개월). 프라이팬 하나로 고기와 채소를 볶고 전자레인지로 데운 소스를 끼얹기만 하면 완성. 간단하지만 세련되고 멋진 한 접시 요리가 된답니다.

미니멀 밑반찬 레시피 29
―양파, 무, 당근, 감자, 양배추,
푸른채소, 우엉, 토마토, 버섯

밑반찬을 만들어두면
매일의 요리가 미니멀해집니다

식사를 간단하게 준비하기 위해
쉽게 만들 수 있는 밑반찬 몇 개를 준비해둡니다.
정말 급할 때는 반찬에 흰밥만으로 상을 차릴 수 있으니까요.

육수를 우려보세요

밑반찬을 만들 때도, 평소 식사를 준비할 때도
육수를 만들어두면 상당히 편해요.
가다랑어포로 내는 육수도 익숙해지면 쉽게 낼 수 있고
육수팩을 이용하면 무리하지 않고도 맛있는 육수를
편하게 만들 수 있답니다. 여러 종류의 육수팩이 있는데
약간 진하게 만들어두면 조미료를 최소한으로 줄일 수 있어요.

가다랑어포로 우리기

가다랑어포로 육수를 내는 것이 익숙한 사람은 끓는 물에
가다랑어포를 넣고 2~3분 후에 건져내세요.
여유가 있을 때는 다시마를 먼저 물에 담가둡니다.
다시마는 물이 끓기 직전에 건져주세요.

육수팩으로 우리기

육수팩은 가다랑어포 외에도 육수 재료(날치 등)가 들어있는
것이 있어서 편리해요. 끓는 물에 넣기만 하면 끝. 팩 양을
늘려서 진한 국물을 만들 수 있습니다. 이것도 2~3분 후에
건져주세요.

완성!

완성된 육수는 소량이면 냄비 째로 냉장고에 보관해도
좋고, 많이 만들어서 용기에 담아 보관해도 좋아요.
(냉장고에서 약 1주일)

저희 집에서는 여러 번 우리지 않습니다.
육수 건더기를 꽉 짜내서 한 번에 정성껏 우려냅니다.
이렇게 하면 감칠맛 나는 육수를 얻을 수 있어요.

미니멀 밑반찬 레시피 29
양파

양파 매실장아찌 조림

소금 대신 매실장아찌로 간한
깔끔한 조림

재료(만들기 편한 양)

양파 : 1개
매실장아찌 : 1개
a 육수 : 200ml
　설탕 : 1/2~1 작은술
　소금 : 1/4 작은술

만드는 법

양파는 심을 제거하고 세로로 6등분한다. 냄비에 양파, 잘게 찢은 매실장아찌, a를 넣고 약한 중불로 20분 정도 조린다. 가끔 국물을 저어준다.

이런 요리와
함께!
　당근과 연어 영양밥 (32쪽)
　국물 푸짐하고 우동 (40쪽)
　촉촉하고 볼 길쭉하게 소금에 절인 돼지고기 (78쪽)

 POINT!

매실장아찌의 신맛과 짠맛의 밸런스가 절묘해요. 간장을 넣지 않고 매실로 깔끔하게 마무리해주세요. 흰쌀밥 위에 얹어서, 고기에 곁들여서 또는 간단한 입가심 요리로.

 보관방법

냉장 3~4일

양파 수프

어디에든 쓸 수 있는
만능 수프

재료(만들기 편한 양)

양파(4등분한 후, 섬유결 반대로 얇게 썬 것) : 2개
마늘(다진 것) : 1쪽
올리브유 : 1 1/2큰술
소금 : 적당량
a 물 : 800ml
　소금 : 1작은술

만드는 법

1. 냄비를 달군 다음, 올리브유를 두르고 마늘, 양파를 넣어 강한 중불에서 3분 볶는다. a를 넣고 끓으면 뚜껑을 닫고 약한 중불에서 가끔 저어주면서 30분 끓인다.

2. 소금으로 간을 맞춘다.

이런 요리와
추천!
　당근과 연어 영양밥 (32쪽)
　부드러운 닭고기 가슴 (80쪽)
　방울토마토 참치 일본풍의 크림 조림 (87쪽)

 POINT!

일식과 양식, 어디에나 쓸 수 있어요. 냉동했을 때는 지퍼백째로 3분 정도 물에 담가서 반 해동상태가 되었을 때 꺼내서 조리하세요.

 보관방법

냉장 3~4일
냉동 지퍼백에 담아서
약 1개월

무채 간장볶음

> 신선하고 아삭아삭한 식감

이런 요리와 함께!
나물밥 (22쪽)
일본풍 채소 수프와 구운 주먹밥 (26쪽)
오일 정어리와 버섯을 넣은 영양밥 (44쪽)

POINT!
올리브유와 간장이 의외로 잘 어울려요. 너무 익지 않게 재빨리 볶아주세요. 참기름을 넣지 않아 맛이 깔끔.

보관방법
냉장 3~4일

재료(만들기 편한 양)

무 : 8cm
올리브유 : 1/2큰술
a 간장 : 1 1/2큰술
  설탕 : 2작은술
  소금 : 약간
볶은 깨 : 적당량

만드는 법

무는 길이를 반 자른 다음, 섬유결을 따라 얇게 채 썬다.
프라이팬에 올리브유를 두르고 달군 후, 무를 넣고 강불에서 볶는다.
숨이 죽으면 a로 간을 한다. 깨를 뿌린 후, 섞어준다.

미니멀 밑반찬 레시피 29
무

홍고추를 넣은 무와 유부 조림

유부만으로 깊은 맛과
감칠맛을 플러스

보관방법
냉장 3~4일

POINT!
유부를 넣어서
감칠맛을 플러스하고
고추로 전체적인 맛을
잡아줍니다.

이런 요리와 함께!
매콤한 두유 온면 (24쪽)
무와 반건조생선 오차즈케 (36쪽)
파소금소스를 뿌린 닭 (77쪽)

재료(만들기 편한 양)

무 : 8cm
유부 : 1개
올리브유 : 1/2큰술
a 육수 : 50ml
　홍고추(송송 썬 것) : 1개
　청주 : 2큰술
　간장 : 1큰술
　설탕 : 1/2큰술
간장 : 적당량

만드는 법

1　무는 길이를 반 자른 후, 두께 2mm로 얄팍 썰기한다. 유부는 가로로 반 자른 다음 폭 5mm 세로로 자른다

2　프라이팬에 올리브유를 두르고 달군 후, 무를 넣어 강불로 볶는다. 기름이 전체적으로 스며들면 유부를 넣고 재빨리 볶는다. a를 넣고 5~6분 중불에서 볶은 다음 조린다. 간장으로 간을 맞춘다.

미니멀 밑반찬 레시피 29
무

무 매실장아찌 무침

일본식 얼절이에 개운한
매실장아찌로 악센트를

POINT!
무를 소금에 살짝 절여
수분을 꽉 짠 다음 간을 하면
맛이 잘 변하지 않아요.
삶은 고기와 잘 어울립니다.

보관방법
냉장 3~4일

재료(만들기 편한 양)

무 : 8cm
매실장아찌 : 2~3개
소금 : 1/3~1/2 작은술
꿀 : 1/2 작은술

만드는 법

1. 무는 얇게 부채꼴 썰기하고 소금으로 문지른 후, 15분 둔다. 수분이 나오면 꽉 짠다. 매실장아찌는 씨를 제거하고 다진다.
2. 보울에 다진 매실장아찌와 꿀을 섞고 무를 넣어 무친다.

이런 요리와 함께!
국물 찍어먹는 우동 (40쪽)
돼지고기 마늘간장절임 (82쪽)
칭칭야키뭉 생연어와 양배추 (84쪽)

미니멀 밑반찬 레시피 29
무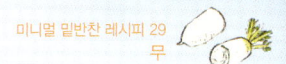

무와 벚꽃새우 볶음

무의 단맛에
새우의 고소함을 플러스

이런 요리와
함께!

돼지고기 생강구이 훌훌덮밥초밥 (38쪽)
부드러운 일본식 삼겹살 조림 (74쪽)
생면어 김치볶음 (85쪽)

POINT!
소금과 설탕으로 주무른 다음
올리브유에 볶아만 주면 끝.
벚꽃새우의 고소한 맛이
악센트.

보관방법
냉장 3~4일

재료(만들기 편한 양)

무 : 8cm
벚꽃새우 : 2~3큰술
a ┌ 소금 1/2작은술
  └ 설탕 : 1/4작은술
올리브유 : 1큰술
소금 : 적당량

만드는 법

1 무는 길이를 반 자른 다음, 섬유결을 따라 얇게 채썰어 보울에 넣고 a로 주물러서 5~6분 둔다. 수분이 나오면 꽉 짠다.

2 프라이팬에 올리브유를 두르고 달군 후, 1을 넣어 볶는다. 무가 투명해지기 시작하면 벚꽃새우를 넣고 함께 볶는다. 소금으로 간을 맞춘다.

55

오키나와식 당근 볶음

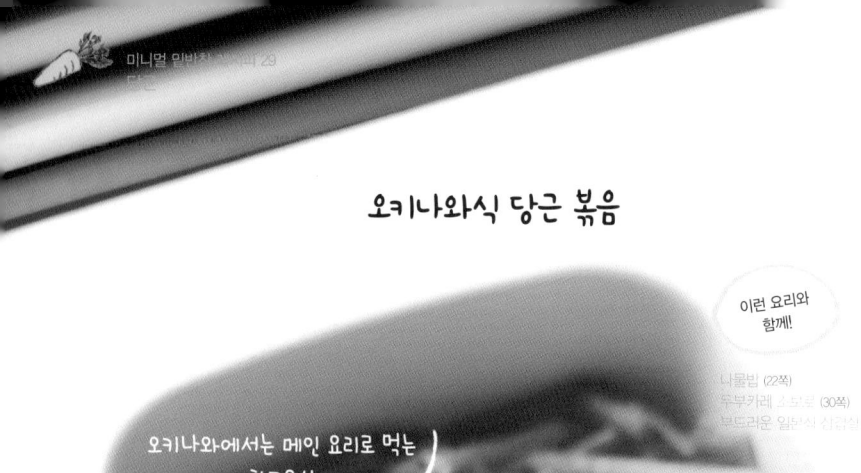

이런 요리와 함께!
나물밥 (22쪽)
두부카레 스프 (30쪽)
부드러운 일본식 시금치 조림 (74쪽)

오키나와에서는 메인 요리로 먹는 향토음식

재료(만들기 편한 양)

- 당근 : 1개
- 참치캔 : 작은 것 1개
- a 육수 : 2큰술
    - 청주, 간장 : 각 1큰술
    - 설탕 : 1/2작은술
- 올리브유 : 1작은술
- 소금 : 적당량

만드는 법

1. 당근은 3cm 길이로 섬유결을 따라 얇게 썬다.
2. 프라이팬에 올리브유를 두르고 당근, 참치캔을 국물까지 함께 넣고 강한 중불에서 볶는다. 전체적으로 기름이 스며들었으면 a를 넣고 볶은 후 조린다. 소금으로 간을 맞춘다.

보관방법
냉장 3~4일

POINT!
오키나와에서는 밥과 함께 먹는 메인 요리. 참치캔 국물과 약간의 올리브유가 맛을 내는 비장의 카드.

미니멀 밑반찬 레시피 29
당근

당근 라페

새콤한 맛과 씹는 맛을 즐길 수 있어요

보관방법
냉장 3~4일

POINT!
전자레인지에서 가열하면 특유의 풋내가 사라지므로 당근을 싫어하는 사람도 부담 없이 먹을 수 있어요. 고기에 곁들이면 딱 좋아요.

이런 요리와 함께!
치킨 소테 토마토소스 (46쪽)
촉촉하고 볼짓볼짓한 소금에 절인 돼지고기 (78쪽)
생연어 마리네 (86쪽)

재료(만들기 편한 양)

당근 : 1개
소금 : 1/4 작은술
a 다진마늘 : 약간
　올리브유 : 2큰술
　식초 : 1큰술
　꿀 : 1작은술

만드는 법

1　당근은 길이를 3등분으로 자른 후, 섬유 결을 따라 채 썰어 보울에 넣고 소금을 뿌린다. 전자레인지에 1분 30~40초 돌린다. 약간 식은 후, 수분을 꽉 짠다.

2　보울에 a를 넣어 섞고 1을 넣고 버무린다.

미니멀 밑반찬 레시피 29
당근

당근과 명란젓 볶음

재료(만들기 편한 양)

당근 : 1개
a 명란젓 : 1/2개(약 20~30g)
　청주 : 1작은술
　간장 : 1/3작은술
올리브유 : 1/2큰술

만드는 법

1. 당근은 얇게 반달썰기한다. a의 명란젓을 풀어서 나머지 조미료와 섞는다.

2. 프라이팬을 달군 후에 올리브유를 두르고, 당근을 넣고 볶는다. 약간 숨이 죽으면 불을 끄고 a를 넣고 섞는다.

생각하지 못한 조합의 놀라운 맛

POINT!

달달해진 당근과 명란젓의 조합.
명란젓을 당근의 남은 열로
익혔기 때문에 톡톡 씹히는 듯한
식감을 즐길 수 있어요.

보관방법
냉장 3~4일

이런 요리와 함께!

일본풍 채소수프와 구운 주먹밥 (26쪽)
무와 반건조생선 오차즈케 (36쪽)
달콤짭짤하게 조린 닭날개 튀김 (76쪽)

미니멀 밑반찬 레시피 29
당근

당근 육수 절임

얄팍 썰기로 육수가
잘 배어들어요

POINT!
얄팍 썰기를 했기 때문에
사각사각한 식감을 즐길 수 있어요.
맛술을 넣지 않고 육수로
당근의 단맛을 끌어냅니다.
사이드 메뉴나 입가심 요리로
드세요.

보관방법
냉장 3~4일

이런 요리와
함께!
나물밥 (22쪽)
돼지고기 마늘간장절임 (82쪽)
생연어와 참마 일본된장 크림 조림 (87쪽)

재료(만들기 편한 양)

당근 : 1개
육수 : 150ml
설탕, 식초, 간장 : 각 1/2큰술
소금 : 1/2작은술

만드는 법

1. 육수, 설탕, 소금, 간장을 펄펄 끓인 다음 식초를 넣고 불을 끈다.

2. 길이 3cm로 얄팍썰기한 당근은 뜨거운 상태의 **1**에 넣고 그대로 1시간 이상 담가둔다.

미니멀 밑반찬 레시피 29
감자

감자채 볶음

심플하게 맛을 낸
최고의 안주

POINT!
감자를 채썰어서 더욱 아삭아삭하게
반투명해질 정도로만 볶아줍니다.
올리브유와 소금
이렇게 최소한의 간만 했어요.

보관방법
냉장 3~4일

이런 요리와 함께!
치킨소테 토마토소스 (46쪽)
부드러운 닭고기 자슈 (80쪽)
생연어 김치볶음 (85쪽)

재료(만들기 편한 양)

감자 : 2개(300g)
올리브유 : 1 1/2큰술
소금 : 1/2작은술

만드는 법

1. 감자는 채썰어서 물에 잠깐 담갔다가 헹군다.
2. 프라이팬에 올리브유를 넣고 달군 후, 물기를 뺀 감자를 넣고 강불로 볶는다. 약간 숨이 죽었으면 소금을 뿌리고 함께 볶는다.

일본풍 감자샐러드

재료(만들기 편한 양)

- 감자 : 2개(300g)
- 양파 : 1/8개
- 오이 : 1개
- 고등어캔 : 1/2캔
- 소금 : 적당량
- a 생강 간 것 : 약간
   - 올리브유 : 2큰술
   - 식초 : 2~3작은술
   - 설탕 : 1/2작은술
   - 소금 : 3꼬집

만드는 법

1. 오이는 세로로 반을 자른 후, 숟가락으로 씨를 제거하고 얇게 썬다. 소금 1꼬집을 뿌려서 섞은 후, 15분 둔다. 나온 수분을 꽉 짠다. 양파는 다진 다음 물에 5분 담갔다가 헹군다. 수분을 꽉 짠다.

2. 감자는 3cm 정사각형으로 잘라서 20분 정도 삶는다. 대나무꼬치가 쑥 들어가면 삶은 국물을 버리고 다시 불에 올려서 수분을 날린다. 보울로 옮겨 담고 나무주걱으로 으깬 후, 뜨거울 때 양파, a를 넣고 섞는다.

3. 한김 식힌 후에 으깬 고등어, 오이를 넣어 버무리고 소금으로 간을 맞춘다.

POINT!
마요네즈를 빼고 만든 감자샐러드. 올리브유가 감칠맛과 부드러운 식감을 연출! 고등어를 넣어서 참치보다 맛이 부드러워요.

보관방법
냉장 3~4일

이런 요리와 함께!

마요네즈를 뺀 건강한 감자샐러드

돼지고기 생강구이 콩부림초밥 (38쪽)
부드러운 일본식 삼겹살 조림 (74쪽)
생연어 김치볶음 (85쪽)

미니멀 밑반찬 레시피 29
감자

감자 포타주

POINT!
생크림없이 일본 된장으로 간을 맞춘 감칠맛 최강 수프. 우유 대신 두유를 넣어도 OK.

생크림없이도 감칠맛이 뛰어나요

보관방법
냉장 3~4일
냉동 지퍼백에 담아 약 1개월

이런 요리와 함께!
치킨소테 토마토소스 (46쪽)
달콤짭짤하게 조린 닭날개 튀김 (76쪽)
생연어 아쿠아 파짜 (86쪽)

재료(만들기 편한 양)

감자 : 2개(300g)
육수 : 300ml
소금 : 1/4작은술
우유 : 200ml
일본된장 : 1작은술
소금 : 적당량

만드는 법

1. 감자는 2cm 정사각형으로 잘라서 냄비에 넣는다. 여기에 육수, 소금 1/4 작은술을 넣고 15분 삶는다. 감자가 부드러워졌으면 불을 끄고 포크나 나무 주걱으로 감자를 으깬다.

2. 일본 된장을 넣어 섞은 후, 우유를 조금씩 부어주면서 섞는다. 다시 불을 켜고 부글부글 끓기 시작하면 소금으로 간을 맞춘다.

미니멀 밑반찬 레시피 29
감자

깨를 뿌린 감자와 참치볶음

이런 요리와 함께!

담근과 연어 영양밥 (32쪽)
부드러운 닭고기 차슈 (80쪽)
생연어와 참마 일본된장 크림 조림 (87쪽)

깨소금으로 감자가 달달해져요

보관방법
냉장 3~4일

POINT!
감자의 단맛과 깨가 어울려요.
반달썰기해서
아삭아삭한 식감으로.

재료(만들기 쉬운 양)

- 감자 : 2개(300g)
- 양파 : 1/2개
- 다진마늘 : 1/2쪽
- 참치캔 : 작은 것 1개
- 올리브유 : 2큰술
- 소금 : 적당량
- a 빻은 흰깨 : 2큰술
  청주, 간장 : 각각1큰술
  설탕 : 1작은술

만드는 법

1 감자는 얇게 반달썰기해서 찬물에 담갔다가 헹군다. 양파는 세로로 반을 자른 다음 섬유결 반대방향으로 얇게 썬다.

2 프라이팬을 달구고 올리브유를 두른 후, 물기를 뺀 감자, 마늘을 넣고 중불에서 2분 볶는다. 양파를 넣고 3~4분 볶는다. 감자가 익었으면 캔국물을 제거한 참치를 넣어 섞고 a를 넣어 함께 볶는다. 간을 봐서 싱거우면 소금으로 맞춘다.

미니멀 밑반찬 레시피 29
양배추

일본식 양배추 얼절이

생강과 깨로 맛을 낸 것이 특색

재료(만들기 편한 양)

양배추 : 1/4개	소금 : 1/2작은술
생강 : 1쪽	볶은 흰깨 : 1큰술

만드는 법

1 양배추는 세로로 3등분으로 자른 다음 가로 폭 1cm로 자른다. 소금을 뿌린 다음 비벼서 30분정도 둔다. 수분을 꽉 짠다.

2 생강은 채썬다. 보울에 1, 채썬 생강, 볶은 흰깨를 넣고 무친다.

이런 요리와 추천!
오일정어리와 버섯을 넣은 양일밥 (44쪽)
부드러운 일본식 삼겹살 조림 (74쪽)
부드러운 닭고기 차슈 (80쪽)

POINT!
최소한의 양념으로 완성한 일본식 얼절이. 소금으로 절인 후, 물기를 꽉 짜는 것이 포인트.

보관방법
냉장 3~4일

코울슬로

마요네즈를 넣지 않은 코울슬로

재료(만들기 편한 양)

양배추 : 1/4개	소금 : 3/4작은술
오이 : 1개	a 올리브유 : 2큰술
당근 : 5cm	식초 : 1큰술
양파 : 1/4개	설탕 : 1작은술

만드는 법

1 양배추는 대충 잘게 썬다. 오이는 세로로 반을 자른 다음 숟가락으로 씨를 제거한다. 다시 세로로 반을 자르고 가로 3mm두께로 자른다. 당근은 채썬다. 보울에 넣고 소금을 뿌려서 30분 둔다. 물기를 꽉 짠다

2 양파는 잘게 썰어 찬물에 담갔다가 물기를 꽉 짠다.

3 보울에 a를 섞고 1, 2를 넣고 무친다.

이런 요리와 추천!
국물 찍어먹는 우동 (40쪽)
달콤짭짤하게 조린 닭날개 튀김 (76쪽)
생연어 아쿠아 파짜 (86쪽)

POINT!
대충 썰었기 때문에 아삭아삭한 식감이 살아있어요. 마요네즈를 넣지 않기 때문에 다이어트 중인 분에게도 추천.

보관방법
냉장 3~4일

어떤 음식과도 잘 어울려요

미니멀 밑반찬 레시피 29
푸른 채소

푸른 채소 으깬 두부무침　　　푸른 채소 참깨무침　　　푸른 채소 초간장조림

푸른 채소 으깬 두부무침

재료(만들기 편한 양)

푸른 채소 : 1묶음
소금 : 약간
으깬두부 소스
  부드러운 두부(물기를 뺀다) : 1/2모
  검은깨 간 것 : 1 1/2큰술
  간장 : 2작은술
  설탕 : 1/2 큰술
  올리브유 : 1작은술

만드는 법

1. 소금을 넣은 끓는물에 푸른 채소를 데치고 찬물에 담갔다가 물기를 짠다.

2. 두부는 그릇에 넣고 포크로 으깬 다음 보울로 옮겨담고 나머지 으깬 두부소스 재료를 넣어 섞는다.

3. 먹기 직전에 푸른 채소를 잘라 담고 2를 끼얹는다.

POINT! 양념 절구가 없으면 간단하게 포크로 으깬두부 소스를 만드세요.

보관방법 냉장 3~4일 (무치지 말고 보관)

이런 요리와 추천!

단호박과 연어 양념밥 (32쪽)
부드러운 일본식 삶은닭 조림 (74쪽)
삼치마키롤 생연어와 함께추 (84쪽)

푸른 채소 참깨무침

재료(만들기 편한 양)

푸른 채소 : 1묶음
소금 : 약간
참깨소스
  빻은 흰깨 : 3큰술
  볶은 흰깨 : 2큰술
  설탕, 간장 : 각 1 1/2큰술

만드는 법

1. 소금을 넣은 끓는물에 푸른 채소를 데치고 찬물에 담갔다가 물기를 짠다.

2. 참깨소스 재료를 섞는다.

3. 먹기 직전에 푸른 채소를 잘라 담고 2를 끼얹는다.

POINT! 빻은깨와 볶은깨를 섞어서 넣으면 더 잘 무쳐집니다. 양념 절구를 쓸 때는 볶은깨는 반만 빻아주세요.

보관방법 냉장 3~4일(무치지 말고 보관)

이런 요리와 추천!

무와 반건오징어 오자전 케 (36쪽)
돼지고기 마늘간장조림 (80쪽)
삼치마키롤 생연어와 함께추 (84쪽)

푸른 채소 초간장조림

재료(만들기 편한 양)

푸른 채소 : 1다발
소금 : 약간
a 육수 : 150ml
  간장 : 1큰술
  설탕 : 1작은술
  소금 : 약간
소금 : 적당량

만드는 법

1. 소금을 넣은 끓는물에 푸른 채소를 데치고 찬물에 담갔다가 물기를 짠다.

2. 작은 냄비에 a를 넣고 한소끔 끓이고 식은 다음, 1을 넣는다. 맛을 보고 싱거우면 소금으로 간을 맞춘다.

POINT! 살짝 데치고 육수가 배이도록 합니다.

보관방법 냉장 3~4일

이런 요리와 추천!

돼지고기 생강구이 줄무링조림 (38쪽)
마소금소스를 뿌린 닭 (77쪽)
생연어 김치볶음 (85쪽)

65

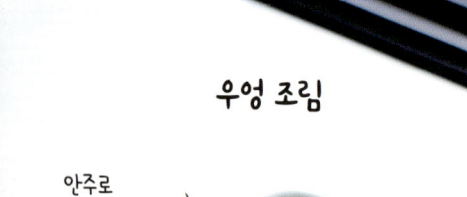

미니멀 밑반찬 레시피 29
우엉

우엉 조림

안주로 사이드메뉴로 어디에나 만능

재료(만들기 편한 양)

우엉 : 1대
올리브유 : 1큰술

a 육수 : 100ml
설탕 : 1 1/2~2큰술
간장 : 3~4작은술
홍고추 1개 (꼭지와 씨를 제거한 것)

만드는 법

1. 우엉은 섬유결을 따라 길이 3cm로 자르고 잠깐 물에 담가서 쓴맛을 우려낸다.

2. 프라이팬을 달군 후, 올리브유를 두르고 물기를 짠 우엉을 강불에서 볶는다. 전체적으로 기름이 스며들었으면 a를 넣고 강한 중불에서 볶은 후 조린다. 국물이 거의 없어지면 완성.

이런 요리와 추천!
오일정어리와 버섯을 넣은 영양밥 (44쪽)
부드러운 닭고기 차슈 (80쪽)
생연어 김치볶음 (85쪽)

 POINT!
흙내가 단맛으로 바뀔 때까지 확실하게 볶아서 조려주세요. 가열하면 할수록 맛이 배어들어요.

보관방법
냉장 3~4일
냉동 소분하여 랩으로 싼 다음 지퍼백에 담아서 약 1개월

우엉 마리네

특이한 조합

재료(만들기 편한 양)

우엉 : 1대
식초 : 적당량
소금 : 적당량

a 안초비 : 3마리
다진마늘 : 약간
올리브유 : 2큰술
간장, 설탕 : 각 1작은술
소금 : 3꼬집

만드는 법

1. 우엉은 병이나 밀대로 두드린 다음, 작게 마구 썰어 식초물에 3분 담가둔다. 안초비는 큼직하게 다진다.

2. 냄비에 재료가 잠길 정도의 물, 식초 약간, 우엉을 넣고 강불에 올린다. 끓기 시작하면 중불로 줄여 10~15분 정도 삶고, 물기를 제거하고 한김 뺀다.

3. 보울에 a를 섞고, 2를 넣어 1시간 이상 담근다.

이런 요리와 추천!
일본풍 채소 수프와 구운 주먹밥 (26쪽)
치킨소테 토마토소스 (46쪽)
달콤짭짤하게 조린 닭날개 튀김 (76쪽)

 POINT!
두드려주면 섬유가 끊어져서 맛이 잘 스며든다. 안초비로 감칠맛 UP.

보관방법
냉장 3~4일
냉동 소분하여 랩으로 싼 다음 지퍼백에 담아서 약 1개월

미니멀 밑반찬 레시피 29
토마토

방울토마토 벌꿀 마리네

재료(만들기 편한 양)

방울토마토 : 1팩
꿀 : 1/2큰술
식초 : 1/4작은술 약간 모자라게

만드는 법

방울토마토는 뜨거운 물에 데쳐서 껍질을 벗긴 후, 용기에 담는다. 꿀과 소금을 뿌린 다음, 그대로 냉장고에 넣고 30분 이상 둔다.

 이런 요리와 추천
두부 카레 소보로 (30쪽)
초초하고 쫄깃쫄깃한 소금에 절인 돼지고기 (78쪽)
생맥커 아쿠아 파체 (86쪽)

POINT!
소금과 꿀로 토마토의 감칠맛이 응축됩니다. 단맛이 늘면서 맛도 UP.

보관방법
냉장 3~4일

꽉 응축된 단맛.
신맛에 약한 사람도
먹기 좋아요

방울토마토 소스

재료(만들기 편한 양)

방울토마토 : 2팩
마늘 : 1쪽
올리브유 : 2큰술
a 소금 : 3꼬집
  바질(건조) : 약간

만드는 법

1 방울토마토는 뜨거운 물에 데쳐서 껍질을 벗기고 반으로 잘라 용기에 담는다. 마늘은 다진다.

2 프라이팬을 달군 다음, 올리브유를 두르고 마늘을 넣고 약불에서 볶는다. 마늘향이 나기 시작하면 방울토마토를 넣고 강불에서 볶다가 부글부글 끓기 시작했을 때 a를 넣고 나무주걱으로 토마토를 으깨면서 2분 조린다.

POINT!
방울토마토는 일반토마토에 비해 연중 맛이 변하지 않으므로 신선한 토마토 소스가 된다. 파스타, 어류, 육류요리 등 어느 요리에나 어울린다.

보관방법
냉장 3~4일
냉동 밀폐용기에 담아 약 1개월

신맛의
균형이 완벽

미니멀 밑반찬 레시피 29
버섯

버섯 구이 절임

씹을수록 느껴지는 육수의 맛

국물이 최고야....

재료(만들기 편한 양)

잎새버섯, 만가닥버섯 : 각 1팩
표고 : 1/2팩
생강 : 1쪽
올리브유 : 1큰술
소금 : 1/4작은술

a 육수 : 150ml
  간장 : 1큰술
  설탕 : 1작은술
  식초 : 1/2작은술
  소금 : 적당량

만드는 법

1. 만가닥버섯은 밑동을 자르고 작은 송이로 나눈다. 잎새버섯은 먹기 좋은 크기로 찢어준다. 표고버섯은 기둥을 제거하고 두께 3mm 세로로 자른다. 생강은 채썬다.

2. 프라이팬을 달군 후 올리브유를 두른다. 버섯을 넣고 소금 1/4 작은술을 뿌린 다음 강불에서 볶는다.

3. 보울에 a를 섞고, 2와 생강을 담아 30분 이상 둔다. 싱거우면 소금으로 간한다.

이런 요리와 추천!
- 국물 찍어먹는 우동 (40쪽)
- 파스금소스를 뿌린 닭 (77쪽)
- 생연어와 참마 일본된장 크림 조림 (87쪽)

POINT!
육수가 잘 배어든 구이절임은
일본식 영양밥 건더기로도 쓸 수 있어요.

보관방법
냉장 3~4일

팽이버섯 조림

볶기만 하면 순식간에 완성!

슉!

재료(만들기 편한 양)

팽이버섯 : 200g
소금 : 약간

a 육수 : 50ml
  간장 : 21/2~3큰술
  설탕 : 11/2큰술
  식초, 맛술 : 각 2작은술

만드는 법

1. 팽이버섯은 밑동을 자르고 길이 3cm로 잘라 풀어준다.

2. 프라이팬에 1, a를 넣고 중불에서 5분 볶은 후 조린다. 소금으로 간을 맞춘다.

이런 요리와 추천!
- 나물밥 (22쪽)
- 무와 반건조생선 오차츠케 (36쪽)
- 참참아키풍 생연어와 양배추 (84쪽)

POINT!
식품보존료를 쓰지 않은 자연 팽이버섯.
간이 심플한데도 무척 맛있어요.

보관방법
냉장 3~4일

미니멀 밑반찬 레시피 29
버섯

버섯 마리네

양파의 감칠맛과 새콤한 맛의 균형이 절묘!

POINT!
구운 고기에 곁들여 먹으면 딱. 단품 그대로도 맛있어요. 샐러드나 안주로도 적격.

이런 요리와 함께!
치킨소테 토마토소스 (46쪽)
촉촉하고 폼 깃폼깃한 소금에 절인
돼지고기 (78쪽)
생면이 야쿠아 파짜 (86쪽)

보관방법
냉장 3~4일

재료(만들기 편한 양)

만가닥버섯, 새송이버섯 : 각 1팩
표고버섯 : 1/2팩
양파 : 1/4개
마늘 : 1쪽
올리브오일 : 5큰술
소금 : 1/4작은술
소금 : 적당량

a 바질 : 1/4작은술
홍고추(꼭지와 씨를 제거) : 1개
식초 : 1큰술
설탕 : 1작은술
소금 : 1/3작은술

만드는 법

1 만가닥버섯은 밑동을 자르고 송이로 나눈다. 새송이버섯은 길이를 반으로 자른 후 세로로 반 잘라 세로로 얇게 썬다. 표고버섯은 기둥을 제거하고 세로 4등분 한다. 양파는 다지고 마늘은 세로로 얇게 썬다.

2 프라이팬에 올리브오일 4큰술을 넣고 양파, 마늘을 약한 중불로 3~4분 볶는다. a를 넣고 섞은 후, 보울로 옮긴다.

3 프라이팬에 올리브유 1큰술을 넣고 달군 후, 버섯을 넣고 소금 1/4작은술을 뿌려서 강불로 볶는다. 숨이 죽었으면 2에 넣고 1시간 이상 절인다. 간은 소금으로 맞춘다.

미니멀 밑반찬 레시피 29
달걀

달걀조림 (니다마고)

촉촉하고 부드러운 맛

재료 (만들기 편한 양)

- 반숙달걀 : 5~6개
- a 육수 : 100ml
  - 간장 : 3 1/2큰술
  - 설탕 : 1큰술

만드는 법

냄비에 a를 넣고 섞은 후, 불에 올린다. 한소끔 끓어오르면 불을 끈다. 껍질을 깐 삶은 달걀을 넣는다.
이따금 달걀을 뒤집어 주면서 1시간 이상 담가둔다.

이런 요리와 추천!
- 두부 카레 소보로 (30쪽)
- 당근과 연어 영양밥 (32쪽)
- 참참아키풍 생연어와 양배추 (84쪽)

POINT!
조릴 필요없이 국물에 그대로 담가두기만 하면 된다. 국물은 육수, 간장, 설탕. 맛술 없이 설탕으로도 충분히 깊은 맛이 난다.

보관방법
냉장 3~4일

파래 달걀 소보로

폭신한 식감의 기분좋은 소보로

재료 (만들기 편한 양)

- 달걀 : 4개
- 파래 : 1작은술
- 가다랑어포 : 2g
- a 물, 설탕 : 각 1큰술
  - 간장 : 1/2작은술
  - 소금 : 약간

만드는 법

프라이팬에 달걀을 풀고, a를 넣어 섞는다. 한손에 여러 개의 젓가락을 들고 잘 섞으면서 중불로 가열한다. 소보로 상태가 되어가면 파래, 가다랑어포를 넣고 섞은 후 불을 끈다.

이런 요리와 추천!
- 나물밥 (22쪽)
- 두부 카레 소보로 (30쪽)
- 돼지고기 생강구이 흑쌀림초밥 (38쪽)

POINT!
파래가 맛에 악센트를 줍니다. 폭신하게 완성하는 것이 요령. 도시락에 후리카케로 넣어도 좋아요.

보관방법
냉장 3~4일

미니멀 한접시 요리 20
-달걀, 고기, 생선, 수프

메인은 한접시 요리
심플한 식탁이 좋아요

여러 가지 요리로 식탁을 가득 채우지 않아도 괜찮아요.
요리 하나로도 멋진 식탁을 만들 수 있답니다.
이 마법의 레시피로 미니멀하면서도 풍성한 시간을 보내세요.

미니멀 한접시요리 달걀 요리

맛있는 폭신!

두부와 시라스 달걀볶음

맛있는 아삭!

참치와 채 썬 양배추 달걀볶음

재료(1~2인분)

두부(부드러운 것) : 1/4모
시라스 : 2큰술
쪽파(송송 썬 것) : 2대
a 달걀 : 2개
   소금 : 1꼬집
   설탕 : 2꼬집
올리브유 : 1큰술
간장 : 1작은술 약간 못되게

만드는 법

1 a를 섞는다.

2 프라이팬을 달군 다음, 올리브유를 두르고 두부, 시라스를 넣는다. 두부를 나무 주걱으로 으깨면서 볶는다. 뜨거워지기 시작하면 쪽파를 넣고 재빨리 볶은 다음 간장을 넣고 함께 볶는다. 1을 넣고 나무 주걱으로 반숙 상태의 달걀 볶음을 만든다.

POINT!

두부 덕분에 시간이 지나도 폭신폭신해요.

재료(1~2인분)

양배추 : 1장(약 50g)
참치캔 : 작은 것 1/2캔
소금 : 1꼬집
a 달걀 : 2개
   소금 : 1꼬집
   설탕 : 2꼬집
올리브유 : 1큰술

만드는 법

1 양배추는 채썰고 소금을 골고루 뿌린다. a를 섞는다.

2 프라이팬에 올리브유를 넣고 달군 후, 참치(기름도 함께)와 양배추를 넣고 강불에서 볶는다. 약간 숨이 죽었으면 a를 넣고 반숙 상태의 달걀볶음을 만든다.

POINT!

양배추를 밑간해두면 소금에 빨리 절여집니다.

미니멀 한접시 요리 레시피 20
달걀, 고기, 생선, 수프

살짝 걸쭉한
아보카도와 명란젓 달걀말이

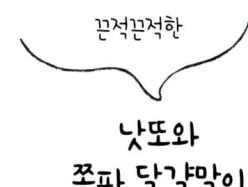

끈적끈적한
낫또와 쪽파 달걀말이

재료(1~2인분)

- 명란젓 : 1/2개
- 아보카도 : 1/4개
- a 달걀 : 2개
   소금 : 1꼬집
   설탕 : 2꼬집
- 올리브유 : 1큰술과 1작은술

만드는 법

1. 명란젓을 풀어서 올리브유 1작은술과 섞는다.
2. 아보카도는 1cm 정사각형으로 자른다. 보울에 a, 아보카도를 넣고 섞는다.
3. 프라이팬을 달군 후, 올리브유 1큰술을 두르고 2를 넣어 젓가락으로 섞고 한가운데에 1을 올려서 가열한다. 양끝을 감싸듯이 접고 뒤집어서 꺼낸다. 키친타월을 씌우고 위에서 모양을 정돈한다.
4. 잘라서 그릇에 보기 좋게 담는다.

POINT!
메인용 한접시 요리로 추천.

재료(1~2인분)

- 낫또 : 1팩
- 쪽파(송송 썬 것) : 1대
- a 달걀 : 2개
   소금 : 1꼬집
   설탕 : 2꼬집
- 올리브유 : 1큰술

만드는 법

1. 보울에 낫또와 포장에 첨부된 간장소스와 겨자소스를 넣고 잘 섞는다. 쪽파, a를 넣고 잘 섞는다.
2. 프라이팬을 달군 다음 올리브유를 두르고 1을 흘려 넣고 강불에서 젓가락으로 크게 저으면서 가열한다. 반쯤 익었을 때 양끝을 접고 뒤집어서 꺼낸다. 키친타월을 씌우고 위에서 모양을 정돈한다.
3. 잘라서 그릇에 보기 좋게 담는다.

POINT!
전부 섞어 굽기만 하면 완성되는 간단하고 빠른 요리

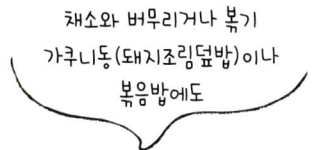

채소와 버무리거나 볶기
가쿠니동(돼지조림덮밥)이나
볶음밥에도

부드러운 일본식 삼겹살 조림

재료(만들기 편한 양)

돼지삼겹살 (덩어리) : 500g
a 대파(파란부분) 1대
  마늘(반으로 자른 것), 생강(슬라이스) : 1쪽
  청주 : 1/2컵
간장 : 3큰술
설탕 : 3큰술
소금 : 1/4작은술
식초 : 1/2큰술
쪽파(송송 썬 것) : 적당량

 보관방법
냉장 4~5일
냉동 보존용 지퍼백에 넣어 약 1개월

만드는 법

1 돼지고기는 4cm로 썬다. 냄비에 물을 끓이고 돼지고기를 넣어 5분 삶은 후, 흐르는 물로 씻어낸다.

2 냄비에 1, a재료가 잠길 정도의 물을 넣고 강불에 올린다. 부글부글 끓기 시작하면 약불로 줄이고 거품은 걷어낸다. 뚜껑을 약간 엇갈리게 덮고 약불에서 2시간 ~ 2시간 반 정도 삶는다. 중간에 물이 줄어들면 즉시 보충한다. (고기가 삶는 물 밖으로 드러나지 않게 한다).

3 2의 대파, 마늘, 생강을 꺼내고 돼지고기와 국물을 분리한다. 돼지고기를 씻는다.

4 냄비에 3에서 분리한 국물 250ml, 간장, 설탕, 소금, 돼지고기를 넣는다. 종이호일 등으로 조림뚜껑(냄비보다 한 둘레 작은 사이즈의 덮개모양 뚜껑)을 만들어 덮고 그 위에 냄비뚜껑을 약간 엇갈리게 덮은 후, 약불에서 30분 조린다. 식초를 넣고 5분 삶고 불을 끄고 그대로 식힌다.

5 먹기 전에 데워서 그릇에 담은 후, 쪽파를 뿌린다.

POINT!
고기가 부드러운 것은 미리 한번 잘 데쳐두었기 때문.
마지막에 식초를 넣으면 맛이 훨씬 더 풍성해집니다.
감동의 뒷맛을 꼭 느껴보세요.

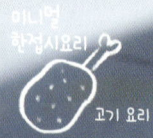 고기 요리

달콤짭짤하게 조린 닭날개 튀김

일본 된장과 고추를 넣은 매콤한 닭날개 튀김

POINT!
관절을 살짝 꺾어서 연골을 잘라주면 훨씬 먹기 편해집니다. 삶기 전에 껍질을 구우면 더 고소하게 완성.

재료(만들기 편한 양)

닭날개 : 6개
소금 : 약간
대파 : 1/2대
마늘(다진 것), 생강(다진 것) : 각 1쪽
홍고추(꼭지와 씨를 뺀 것) : 1개
올리브유 : 1큰술
청주 : 50ml
물 : 200ml
간장 : 2큰술
설탕 : 1 1/2 큰술
일본 된장 : 1작은술

만드는 법

1 닭날개의 관절을 역방향으로 꺾어서 빼낸다. 소금을 뿌리고 5분 둔다. 대파는 다진다.

2 프라이팬에 올리브유를 달구고, 닭날개 껍질 부분을 우선 아래로 향하게 넣고 강불에서 양면을 노릇노릇하게 굽는다. 기름이 많이 나왔으면 키친타월로 닦아낸다.

3 약한 중불로 줄이고 닭날개를 맞닿게 놓는다. 사이 사이 빈곳에 마늘, 생강, 대파를 넣고 중불에서 볶는다. 홍고추, 청주, 물, 간장, 설탕, 일본 된장을 넣고 뚜껑을 닫은 다음, 약한 중불에서 20~25분 끓인다. 도중에 여러 번 뒤집어준다.

 보관방법
냉장 3~4일

미니멀 한접시 요리 레시피 20
달걀, 고기, 생선, 수프

파소금소스를 뿌린 닭

부드러운 닭가슴살을
즐길 수 있는
마법 레시피

부드러워져라

POINT!
닭고기를 촉촉하게 완성하려면
남은 열로 익히는 것이 포인트.

재료 (만들기 편한 양)

- 닭다리, 닭가슴살 : 각 1개
- 소금 : 2작은술
- 물 : 1500ml
- 청주 : 2큰술
- 파소금소스
  - 대파(다진 것) : 1/2대
  - 마늘(다진 것), 생강(다진 것) : 각 1쪽
  - 홍고추(송송 썬 것) : 1개
  - 올리브유 : 3큰술
  - 소금 : 1/3작은술
  - 볶은 흰깨 : 1큰술
  - 설탕 : 3꼬집
- 오이 : 1개

만드는 법

1 닭고기에 소금을 1작은술씩 묻힌다.

2 냄비에 물과 청주를 넣고 끓인 후, 닭고기를 넣고 즉시 뚜껑을 닫아 약불에서 30초 끓인 다음 불을 끄고 그대로 15~17분 둔다. 중간에 닭고기를 뒤집어 준다.

3 프라이팬에 파소금소스의 재료를 넣고 약한 중불로 2~3분 가열한다.

4 오이는 길이를 반으로 자른 후, 섬유결을 따라 얇게 썬다.

5 그릇에 4를 예쁘게 담고 먹기 좋게 자른 2를 올린 다음, 파소금소스를 뿌린다.

보관방법

냉장
삶은 국물에 담가서 3~4일

보관할 때는 우선 닭고기를 꺼내고 삶은 국물을 한번 더 끓이면서 거품을 걷어낸다. 국물을 식힌 다음, 닭고기와 함께 밀폐용기에 넣어 보관한다. 남은 국물은 간장을 더해 수프로 먹어도 된다.

고기 요리

{3일간의 소금 절임으로 감칠맛 듬뿍}

촉촉하고 쫄깃쫄깃한 소금에 절인 돼지고기

POINT!
약불로 오랜 시간 끓여서
촉촉하게 만듭니다.
별도의 소스를 만들지 않아도 고추냉이나
겨자에 찍어서
맛있게 먹을 수 있어요.
샌드위치에 넣거나
술안주로도 Good!

미니멀 한접시 요리 레시피 20
달걀, 고기, 생선, 수프

재료(만들기 편한 양)

돼지고기 목살(덩어리) : 500g
소금 : 2작은술
a 물 : 1200ml
　청주 : 50ml
　대파(푸른 부분) : 1대
　생강(반으로 자른 것),
　마늘(반으로 자른 것) : 각 1쪽
일본풍 살사베르테
　샐러리 : 1/2대
　푸른 차조기잎 : 10장
　생강 : 1개
　양파(다진 것) : 2큰술
　안초비 : 2마리
　다진마늘 : 약간
　식초 : 1/2큰술
　올리브유 : 2 1/2큰술
　설탕 : 1/4 작은술
　소금 : 3~4꼬집
일본된장소스
　마늘 : 1쪽
　물 : 1 1/2큰술
　일본된장 : 2큰술
　설탕 : 1작은술
리프레터스(상추류) : 적당량

만드는 법

1 돼지고기 소금절임을 만든다. 돼지고기의 물기를 닦고 손으로 주무르듯이 소금을 묻힌다. 키친타월로 싼 다음 랩으로 감싸서 3일간 둔다. 매일 키친타월을 바꿔준다.

2 돼지고기에서 나온 점액질을 재빨리 씻는다. a를 냄비에 넣고 불을 켠다. 끓기 시작하면 약불로 줄이고 돼지고기를 넣고 뚜껑을 약간 엇갈리게 덮어 40분 삶는다. 도중에 물이 줄어들면 즉시 보충한다(고기가 삶는 물 밖으로 나오지 않도록 한다).

3 일본풍 살사베르테소스를 만든다. 양파는 물에 담갔다가 헹군다. 셀러리, 푸른 차조기잎, 생강, 안초비는 다진다. 모든 재료를 섞는다.

4 일본 된장소스를 만든다. 마늘을 으깨고 나머지 일본 된장소스 재료와 잘 섞는다.

5 돼지고기를 슬라이스한 후, 리프레터스와 함께 그릇에 잘 담고 3의 소스와 4의 소스를 곁들인다.

※굵은 목면실로 고기를 묶은 후에 삶으면 형태가 무너지지 않는다

냉장 3~4일
냉동 슬라이스해서 지퍼백에 담아 약 1개월

미니멀 한접시요리 / 고기 요리

다시 끓여도 맛이 그대로

부드러운 닭고기 차슈

미니멀 한접시 요리 레시피 20
달걀, 고기, 생선, 수프

POINT!
고기를 굵은 목면실로 묶어주는 것이 포인트. 껍질까지 완전히 구우면 달콤 짭짤한 육즙이 가득하게 완성되어 더욱 맛있습니다. 도시락 반찬으로도 추천해요.

재료(만들기 편한 양)

- 닭다리 : 2개
- 소금 : 약간
- a 마늘(반으로 자른 것),
  생강(반으로 자른 것) : 각 1쪽
  대파(파란 부분) : 1대
- 삶은 달걀 : 4개
- 올리브유 : 1작은술
- 물 : 250ml
- 간장 : 4 1/2 큰술
- 청주 : 3큰술
- 설탕 : 2큰술
- 꿀 : 1 1/2큰술
- 참나물(잘게 썬 것) : 적당량
- 굵은 목면실 : 적당량

만드는 법

1. 닭고기는 여분의 기름기를 제거하고 힘줄을 자른다. 살 코기 부분에 소금을 뿌리고 긴 쪽을 세로로 잡고 앞쪽부터 굵은 목면실로 둘둘 감아 묶는다.

2. 프라이팬을 달군 후, 올리브유를 두른다. 1을 넣고 강불로 전체를 굽는다.

3. 냄비에 물, 청주, 설탕, a를 넣는다. 끓기 시작하면 거품을 걷어내면서 뚜껑을 덮고 약불에서 10분 끓인다.

4. 생강, 꿀을 넣고 종이호일 등으로 조림뚜껑(냄비보다 한 둘레 작은 사이즈의 덮개 모양 뚜껑)을 만들어 덮고, 이따금 뒤집어 주면서 15분 끓인다. 닭고기를 꺼내고 국물만 약불로 10분정도 조린다.

5. 불을 끄고 닭고기를 다시 넣은 후, 삶은 달걀을 넣고 이따금 뒤집어 주면서 15~20분 담가둔다.

6. 굵은 목면실을 제거하고 두께 1cm로 잘라서 그릇에 담는다. 삶은 달걀은 반으로 잘라서 그릇에 보기 좋게 담고 참나물을 뿌려 장식한다.

보관방법
냉장 3~4일
냉동 슬라이스해서 지퍼백에 담아 약 1개월

미니멀 한접시 요리 레시피 20
달걀, 고기, 생선, 수프

POINT!
마늘로 진한 맛을 살린 소스.
면류에 곁들이거나
덮밥을 만들어도 맛있어요.
볶음밥에 넣어도 좋아요.

재료 (만들기 편한 양)

돼지목살(덩어리) : 500g
- a 물 : 1200ml
  - 대파(파란 부분) : 1대
  - 마늘(반으로 자른 것),
  - 생강(반으로 자른 것) : 각 1쪽
- b 다진마늘 : 1/2쪽
  - 간장 : 1/4컵
  - 꿀 : 1큰술 약간 못 되게
  - 올리브유 : 약간
- 올리브유 : 1작은술
- 대파 흰부분을 세로로 가늘게 자른 것 : 적당량

만드는 법

1. 냄비에 a를 넣고 불을 켠다. 끓기 시작하면 약불로 줄이고 돼지고기를 넣은 다음 뚜껑을 약간 엇갈리게 닫고 40분 삶는다. 중간에 물이 줄어들면 즉시 보충한다.(삶는 물 밖으로 고기가 나오지 않게 한다)

2. 보울에 b의 재료를 다 넣고 섞는다. 1을 넣고 가끔 뒤집어주면서 20분 정도 절인다. (국물을 덜어둔다)

3. 프라이팬에 올리브유, 2에서 덜어둔 국물, 물 5큰술(분량 외)를 넣고 불을 켠다. 조려지면 돼지고기를 넣고 전체에 묻힌다.

4. 먹기 좋게 잘라서 그릇에 담는다. 대파의 흰부분을 세로로 잘게 썰어 곁들인다.

※굵은 목면실로 고기를 묶은 후에 삶으면 형태가 무너지지 않는다.

보관방법
냉장 4~5일
냉동 슬라이스해서 지퍼백에 담아 약 1개월

# 생선 요리

챵챵야키풍
생연어와 양배추

뛰어난 감칠맛의 된장 소스가 잘 어우러진

재료(2인분)

생연어 : 2토막
소금 : 약간
양배추 : 1/4개
만가닥버섯(백만송이버섯) : 1팩
a 다진마늘, 생강 간 것 : 각 약간씩
　홍고추(송송 썬 것) : 1개
　청주, 일본된장 : 각 1큰술
　간장, 설탕 : 각 1/2큰술
올리브유 : 1/2큰술
소금 : 적당량

만드는 법

1. 연어는 3등분으로 자른 다음, 소금을 약간 뿌려둔다. 양배추는 폭 3~4cm로 자르고 만가닥버섯은 밑동을 잘라내고 가닥을 나눈다. a를 섞는다.

2. 프라이팬에 올리브유를 두른 후, 양배추를 깔고 a 분량의 반을 뿌린 다음 만가닥버섯과 연어를 올린다. 연어 위에 나머지 a를 끼얹는다. 뚜껑을 덮고 중불에서 6~7분 가열한다. 전체를 섞은 다음 소금으로 간을 맞춘다.

3. 바닥이 낮은 그릇에 담는다.

POINT!

프라이팬에 재료와 소스를
세팅하고 끓여만 주면
순식간에 완성.
연어 외에 다른 생선도 OK.

생연어 김치볶음

밥을 부르는 김치의 맛깔스러움

재료(2인분)

생연어 : 2토막
소금, 전분 : 각 약간씩
양파 : 1/2개
인겐콩 : 6~10개
배추김치 : 60g
a 청주 : 2작은술
　일본 된장, 간장, 설탕 : 각각 1/2작은술
올리브유 : 1큰술

만드는 법

1. 양파는 섬유결을 따라 반을 자른 후 섬유결 반대로 자르고 인겐콩은 꼭지를 떼고 3등분으로 비스듬하게 자른다. 김치는 대충 다진다. a를 섞는다. 연어는 4등분으로 자른 후, 소금을 뿌리고 전분을 골고루 바른다.

2. 프라이팬을 달구고 올리브유 1/2큰술을 두른다. 연어를 올려놓고 강한 중불로 굽는다. 색이 변하면 꺼낸다.

3. 프라이팬에 올리브유 1/2 큰술을 더 넣고 양파, 인겐콩을 넣어 강불로 볶고 숨이 죽으면 김치를 넣고 볶는다. 2, a를 넣고 함께 볶는다. 바닥이 낮은 그릇에 담는다.

POINT!

김치를 잘게 썰면 맛이 전체적으로 잘 배어듭니다. 연어를 너무 오래 볶지 않는 것이 촉촉하게 완성하는 비결. 연어 외에 다른 생선도 OK.

미니멀 한접시요리 / 생선 요리

생연어 아쿠아 파짜
(Aqua pazza)

어패류의 감칠맛 한가득

재료(2인분)

- 생연어 : 2토막
- 소금 : 약간
- 바지락(해감된 것) : 70g
- 방울토마토 : 3개
- 마늘 : 1쪽
- 올리브유 : 2큰술
- 물 : 70ml
- 청주 : 2큰술
- 바질(건조) : 약간
- 소금 : 적당량

만드는 법

1. 연어는 2~3등분으로 자르고 소금을 약간 뿌린다. 방울토마토는 섬유결따라 반으로 자르고 마늘은 나무주걱으로 으깬다.

2. 프라이팬을 달군 후, 올리브유를 1큰술 두르고 연어, 마늘을 넣고 강불에서 굽는다. 연어의 양면을 구웠으면 물, 청주, 바질, 바지락, 방울토마토를 넣고 국물을 떠서 뿌려주면서 강한 중불에서 3분 끓인다.

3. 올리브유 1큰술을 빙 둘러 뿌리고 강불에서 프라이팬을 흔들면서 부글부글 끓인다. 국물이 뽀얗게 우러나면서 걸쭉해지면 맛을 보고 소금으로 간을 맞춘다.

POINT!

마지막에 올리브유를 빙 둘러 뿌리고 프라이팬을 흔들면서 부글부글 끓여주는 것이 맛있어지는 비법. 빵에든 밥에든 잘 어울립니다. 연어 이외의 생선으로도 OK!

생연어와 참마 일본된장 크림 조림

한접시로 충분한 볼륨감

재료(2인분)

- 생연어 : 2토막
- 소금 : 약간
- 참마 : 100g
- 대파 : 1/2개
- 다진마늘, 생강 간 것 : 각 1/2작은술
- 올리브유 : 1큰술
- a 우유 : 100ml
  - 일본된장 : 1작은술
  - 소금 : 1/4 작은술
  - 설탕 : 약간
- 소금 : 적당량
- 올리브유 : 약간

만드는 법

1. 참마는 껍질을 벗겨 섬유결 방향으로 자른 다음, 두께 5cm로 썬다. 대파는 얇게 어슷썰기한다. 연어는 4등분으로 자른 후 소금을 약간 뿌린다.

2. 냄비를 달군 후, 올리브유를 1/2큰술 두르고 연어를 넣고 양면을 재빨리 구워서 꺼낸다. 계속해서 올리브유 1/2를 더 넣고 대파, 다진마늘, 생강 간 것을 중불에서 볶는다. 약간 숨이 죽었으면 참마를 넣고 재빨리 볶는다. a, 연어를 넣고 약한 중불에서 7~8분 끓인다. 가끔 섞는다.

3. 소금으로 간을 맞춘다. 바닥이 낮은 그릇에 담고 올리브유를 약간 떨어뜨린다.

POINT!

참마의 끈기와 우유로 크리미하게 완성됩니다. 된장으로 감칠맛을 플러스. 연어 이외의 생선으로도 OK!

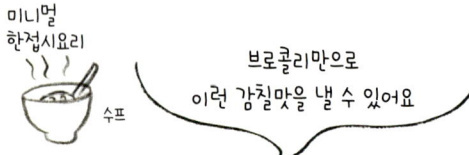

브로콜리와 파르메산 치즈 수프

순무 수프

재료(2인분)

브로콜리(잘게 썬다) : 1/2개
마늘(다진 것) : 1/2쪽
올리브유 : 1큰술
a 물 : 300ml
  청주 1큰술
  소금 : 1/4작은술
파르메산, 소금 : 각 적당량

만드는 법

1. 냄비를 달군 후, 올리브유를 두르고 마늘을 볶는다. 마늘 향이 나기 시작하면 잘게 썬 브로콜리를 넣고 중불로 볶는다. 기름이 전체적으로 스며들었으면 a를 넣고 20분 끓인다. 브로콜리를 나무주걱으로 가볍게 으깬다.

2. 소금으로 간을 맞춘다. 그릇에 담고 파르메산을 깎아서 뿌린다.

POINT!

죽 대신으로도 먹을 수 있는 수프. 삶은 파스타를 넣으면 국물 파스타를 간단하게 만들 수 있어요.

재료(2인분)

순무(껍질을 벗기고 간 것) : 2~3개
순무청 : 1대분
a 육수 : 350ml
  간장 : 1/2작은술
  소금, 설탕 : 각 1/2작은술
b 전분 : 1/2큰술
  물 : 1/2큰술
소금 : 적당량

만드는 법

1. 순무는 껍질을 벗긴 다음 갈아준다. 순무청은 폭 1cm로 자른다.

2. 냄비에 a를 데우고, 간 순무, 순무청 넣고 5분 끓인다. 불을 끄고 섞어둔 b를 넣고 약간 걸쭉해질 때까지 섞으면서 가열한다. 맛을 보면서 소금으로 간을 맞춘다.

POINT!

순무의 개운한 단맛과 걸쭉함을 제대로 이끌어낸 것이 이 레시피. 순무만으로 이 정도의 단맛이! 아주 만족감이 높아요.

미니멀 한접시 요리 레시피 20
달걀, 고기, 생선, 수프

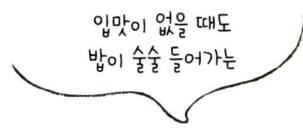

입맛이 없을 때도
밥이 술술 들어가는

무와 낫또를 넣은 김치국

재료 (2인분)

육수 : 500ml
무 : 2cm
낫또 : 1팩
일본된장 : 2큰술
배추김치 : 100g
쪽파(송송 썬 것) : 적당량

만드는 법

1. 무는 1cm 정사각으로 자른다. 낫또는 체에 받쳐 숟가락으로 섞으면서 흐르는 물로 씻어내고 물기를 뺀다.
2. 냄비에 육수, 무를 넣고 불에 올리고 중불로 8분 끓인다.
3. 배추김치를 넣고 일본된장을 풀어서 넣은 다음, 낫또를 넣고 한소끔 끓인다. 그릇에 담고 쪽파를 뿌린다.

POINT!

무의 아삭한 식감과 낫또의 끈끈함이 절묘하게 어울립니다. 맛의 조합도 완벽한 여름철에 딱 어울리는 국.

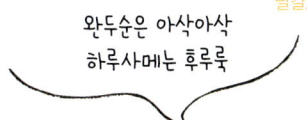

완두순은 아삭아삭
하루사메는 후루룩

완두순과 고등어를 넣은 하루사메 수프

재료 (2인분)

완두순 : 1/3봉지
하루사메(녹두로 만든 일본식 당면) : 30~40g
고등어캔 : 1/2캔
마늘, 생강 : 각 1쪽
소금 : 적당량

a 육수 : 400ml
  청주 : 1큰술
  간장 : 1작은술
  소금 : 1/3작은술
  홍고추(송송 썬 것) : 1개

만드는 법

1. 완두순은 뿌리 부분을 잘라내고 폭 2cm로 잘게 썬다. 마늘, 생강은 다진다.
2. 냄비를 달군 후, 올리브유를 두르고 마늘, 생강, 캔국물을 따라낸 고등어를 넣고 강불로 볶는다. 기름이 전체적으로 스며들었으면 a를 넣고 약한 중불로 5분 끓인다. 하루사메를 주방가위로 자르면서 넣고 다시 10분 끓인다. 잘게 썬 완두순을 넣고 한소끔 더 끓인 후, 맛을 보면서 소금으로 간을 맞춘다.

POINT!

하루사메의 볼륨감과 고등어의 감칠맛으로 만족도 업! 완두순의 아삭아삭한 식감 덕분에 하루사메도 질리지 않고 먹을 수 있어요.

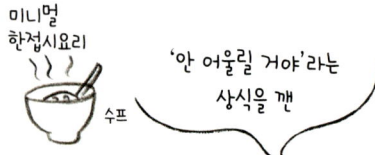

미니멀 한접시요리 수프

'안 어울릴 거야'라는 상식을 깬

일본풍 크림 콘 수프

단호박과 토마토 일본된장 포타주

두부 콘 수프

재료(2인분)

단호박 : 1/4개(250g)
올리브유 : 1큰술
a 물 : 200ml
  일본된장, 소금 : 각각 1/2작은술
토마토주스 : 200ml
소금 : 적당량

만드는 법

1 단호박은 씨를 빼고 껍질을 깎아내듯 벗긴 다음, 1.5cm 정사각으로 자른다.

2 냄비를 달군 후, 올리브유를 두르고 단호박을 강불로 볶는다. 기름이 전체적으로 스며들었으면 a를 넣고 뚜껑을 덮은 다음, 약한 중불로 10분 끓인다.

3 불을 끄고 포크 등으로 단호박을 으깨서 부드럽게 만든다. 토마토 주스를 넣고 3분 끓인다. 소금으로 간한다.

POINT!

단호박이 다른 요리와 잘 어우러지도록 일본된장과 토마토로 맛을 잡아줍니다. 뜻밖의 맛에 놀라실 거예요!

재료(2인분)

콘크림캔 : 1캔(190g)
육수 : 250ml
두부(단단한 것) : 1/2모
간장 : 1/2작은술
소금 : 적당량
생강 간 것 : 1/2 쪽

만드는 법

1 냄비에 콘크림캔, 육수, 간장을 넣고 중불에 올린다. 부글부글하기 시작하면 두부를 손으로 잡아 으깨면서 넣고 한소끔 끓인다.

2 맛을 보면서 소금으로 간을 맞춘다. 불을 끄고 생강 간 것을 넣어 섞는다.

POINT!

간편하게 콘크림캔과 육수로 완성.
일식과도 어울려요.

제 3장
미니멀 요리로
대접하기

미니멀 요리는 초대 요리이기도 합니다.
아무것도 놓여있지 않은 테이블에 그릇 하나.
먹는 그 순간을 충분히 즐기며
공유할 수 있는 것이 바로 미니멀 요리입니다.

남자친구와 집밥

식탁에 요리 하나만 올린 가이세키 요리(일본코스 요리) 스타일. 남자친구에게 만들어 주고 싶은 미니멀 식사.

by 미짱

남자친구를 집에 초대했다면
미니멀 밥은 최적의 초대 음식.
여러 가지 음식을 만들었더라도
한 개씩 식탁에 내놓습니다.
눈앞에 있는 음식을 하나씩 맛보게 해서
식탁을 가이세키 요리점처럼 변신시키는 거예요.
멋진 식사 공간을 만들어내는
센스있는 초대가 됩니다.

감자 포타주
감자수프

사용한 밑반찬

감자 포타주(62쪽)

차게 먹어도 따뜻하게 먹어도 맛있다.
그릇에 보기 좋게 담고 잘게 썬 쪽파를 뿌린다.

흰쌀밥+절임반찬

오키나와식 당근볶음 또는 푸른 채소 으깬 두부무침

사용한 밑반찬

오키나와식 당근볶음(56쪽)
푸른 채소 으깬 두부무침(65쪽)

일본풍 버섯소스를 뿌린 닭고기

사용한 밑반찬

버섯구이 절임(68쪽)
파소금소스를 뿌린 닭(77쪽)

만드는 법

1. 버섯구이 절임은 데운다.
2. 삶은 닭은 슬라이스 한다. 프라이팬에 올리브유를 두르고 닭고기를 넣어 재빨리 굽는다.
3. 그릇에 2를 담고, 데운 1을 뿌린다.

무 매실장아찌와 회무침

사용한 밑반찬

무 매실장아찌 무침(54쪽)

만드는 법

1. 흰살 생선 회를 무 매실장아찌 무침, 무침 국물, 올리브유 약간으로 무친다.
2. 소금으로 간을 맞춘다.

방울토마토 꿀절임 요구르트 치즈 디저트

사용한 밑반찬

방울토마토 벌꿀 마리네(67쪽)

만드는 법

1. 소쿠리에 키친타월을 깔고 플레인 요구르트를 넣은 후, 2~3시간 물기를 뺀다
2. 1을 보울에 담고 설탕을 넣고 섞는다.
3. 그릇에 2 보기 좋게 담고 방울토마토 벌꿀 마리네를 마리네액과 함께 올린다.

※플레인 요구르트의 물기를 빼면 크림치즈 같은 맛이 납니다.

미니멀 가이세키 요리의 요령

작은 그릇에 조금씩 담는다
(더 먹는 것은 자유!)

요리에 대해 이야기하면서
천천히 함께 먹는다

반드시 가이세키 요리의
종류와 순서를 따를 필요는 없다

그의 건강이 소중하다면

여자친구 한 사람 초대요리

올리브유로 황금빛 미니멀 파스타

by 마짱

소금과 올리브유, 마늘, 고추만으로 만드는 알리오 올리브 페페로치노는 별명이 '절망적인 상황의 파스타 spaghetti alla desperata'일 정도로 미니멀한 파스타입니다.
그런데 이것을 더욱 심플하게 만든 황금빛 알리오 올리오는 페페로치노(고추)를 빼고 소금과 올리브유, 그리고 마늘만으로 만듭니다.
포인트는 파스타가 올리브유에 감싸지도록 삶은 물을 넣지 않고 너무 오래 볶지 않을 것. 이렇게 하면 황금빛 아름다운 파스타가 만들어집니다.

알리오 올리오

재료(2인분)

파스타(스파게티) : 160g 올리브유 : 4큰술
물 : 3ℓ 소금 : 적당량
소금 : 2큰술
마늘 2쪽

만드는 법

1. 마늘은 섬유결을 따라 자르고 싹을 제거한다. 파스타는 소금을 넣은 끓는 물에서 표시된 시간보다 1분 짧게 삶는다.
2. 프라이팬에 올리브유와 마늘을 넣고 약불로 볶는다.
3. 마늘이 약간 노릇노릇해지기 시작하면 파스타의 물기를 빼고 다시 강불에 올려서 재빨리 버무린다. 맛을 보고 싱거우면 소금으로 간을 맞춘다.

올리브유랑 마늘을 즐길 수 있는 파스타인 것 같아

이런 요리에 곁들여 먹어요! 오카나와식 당근볶음(56쪽)
버섯 마리네(69쪽)

직장동료들과 2차

술안주도 간단해요.
미니멀한 '술친구'

by 루짱

배부르게 밥을 먹진 않더라도
간단한 술안주가 필요할 때가 있어요.
갑작스런 2차를 집에서 하게 됐을 때
재빨리 준비할 수 있는 것이 밑반찬.
나머지는 냉장고에 있는 것들로
간단하게 만들어보세요.

간단 안주 3가지

달걀조림

푸른차조기
잎을 깔아주면
더 근사해
보여요!

사용한 밑반찬

달걀조림(70쪽)

소금에 버무린 오이

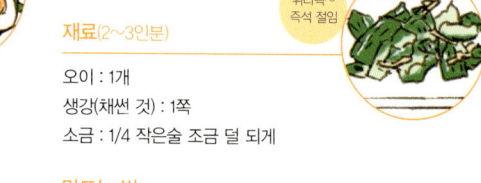

휘리릭~
즉석 절임

재료(2~3인분)

오이 : 1개
생강(채썬 것) : 1쪽
소금 : 1/4 작은술 조금 덜 되게

만드는 법

오이는 병 등으로 두들긴 후, 한입 크기로 찢는다.
소금을 뿌려서 버무린 다음, 20분 둔다.
나온 수분을 꽉 짠 후, 생강과 무친다.

삶은 돼지고기와
데친 양배추 마늘간장무침

사용한 밑반찬

돼지고기 마늘간장절임(82쪽)

재료(2~3인분)

양배추 : 1/8개
돼지고기 마늘간장절임 : 적당량
위의 절임 국물 : 적당량
흰깨 : 적당량
소금 : 약간

만드는 법

1. 양배추는 3cm 정사각형으로 잘라서 재빨리 소금물에 데친다. 물기를 완전히 뺀다.

2. 돼지고기 마늘간장절임은 두께 5cm로 자른 다음, 얇막 썰기하여 전자레인지로 재빨리 데운다.

3. 보울에 1, 2, 흰깨를 넣고 맛을 봐가면서 돼지고기 마늘 간장 절임의 국물을 넣고 무친다.

늘 남게 되는 양배추 없애는 법

냉장고를 비우고 싶지만
쉽지 않은 일이에요

특히 이 양배추는
아무리 먹어도
그대로인 것 같아요

갑자기 미안한데
지금 술 가지고
너희 집으로 놀러갈게

어떡하지? 아무것도
내놓을 게 없는데.
아 맞다!

건배!!

냉장고가 깔끔해지는
데친 양배추.
맛있지?

처음에는 불가능하다고 생각했던 미니멀 밥상 레시피

누마하타 이번에 시모죠 씨에게 미니멀 밥상 레시피를 만들어달라는 다소 무리한 부탁을 했는데 솔직히 힘들지 않으셨어요?

시모죠 사실 불안했어요. 책 한권을 낼 정도로 여러 가지 요리를 만들 수 있을까 하는 걱정이 들었거든요. 처음 예상보다 조미료가 간결해져서 이것들만으로 얼마나 맛있게 완성할 수 있을까 하는 불안도 있었어요.

누마하타 그것말고도 시간 단축, 최소한의 재료도 부탁드렸잖아요.

시모죠 이제까지 제 일은 어땠냐하면 재료가 겹치면 안 되기 때문에 다른 재료를 사용하는 경우가 많았어요. 이번에는 그 반대였어요. 하지만 "보통 사람들은 기본적으로 이런 식생활을 하겠구나" 하는 생각을 했죠. 일반적으로 냉장고에 남아있는 것을 사용하는 경우가 많으니까요. 처음에는 당황했지만 레시피를 만들면서 이건 정말 현실적인 방법이라는 생각이 들었어요.

누마하타 레시피를 만들 때 가장 힘들었던 점은 무엇인가요?

시모죠 일단 해보니 의외로 힘들지 않았어요. 역시 현실성 있는 기획이었기 때문인지 만들면서 저도 편했죠. 조미료를 적게 썼는데 기대 이상으로 맛있었고 재료 본연의 맛을 끌어낼 수 있는 메뉴가 되었어요. 이런 깨달음 덕분에 레시피를 만드는 동안 너무나 즐거웠답니다.

누마하타 조미료를 최소로 줄였는데도 맛을 표현하는데 지장이 없었나요?

시모죠 네, 가능했어요. 이건 표현하지 못하겠다고 생각한 것은 없었어요.

누마하타 앞으로 다시 일터로 가시면 원래대로 돌아갈 것 같으세요?

시모죠 아무래도 이번 일을 하면서 느낀 것들은 계속 실천하게 될 것 같아요. 재료든 조미료든 적은 쪽이 편하다는 것을 실감했기 때문이죠. 그래서 저는 앞으로 점점 더 줄여나갈 것 같아요. 완성된 레시피를 봤을 때도 머리로는 알고 있었지만 집에서 밥을 할 때는 '재료가 적은 것이 좋은 레시피'라는 것을 재확인했어요.

누마하타 생략한 대표적인 조미료는 뭐예요?

시모죠 참기름이랑 후춧가루에요.

누마하타 이것들을 넣으면 맛이 또 상당히 달라지죠?

시모죠 그렇지요. 하지만 제가 좋아하는 조미료라서 자주 사용해왔지만 안 넣어도 괜찮다는 것을 알았어요. 전에는 있으니까 생각없이 그냥 넣은 것이었죠. 앞으로도 사용하겠지만 이제는 어

디에 넣을 것인지 확실하게 알고 있어요. 특히 후추는 그냥 관성에 따라 사용해왔던 것 같아요. 앞으로는 '여기에 필요해'라고 생각할 때 넣을 거예요. 얼마 전, 오랜만에 후추를 썼더니 '풍미가 무척 강하네'라는 느낌이 들더라고요.

누마하타 미니멀하게 간을 보는 것을 반복하면서 감각이 조금 더 예민해져 가는 것 같은?

시모쥬 그런 면도 있는 것 같아요. 그 덕분에 재료 본래의 맛을 실감하거나 조미료의 역할도 재확인할 수 있었어요.

누마하타 이번에 그릇을 한정했잖아요? 실제로 이 그릇에 담아 먹어보거나 먹고 난 그릇에 그대로 다른 메뉴를 담아서 먹어 본 느낌은 어땠어요?

시모쥬 처음엔 어느 집에나 있는 평평한 접시를 혼합하는 편이 낫다고 생각했어요. 그런데 그릇이 한정되어 있으니 아이디어가 떠오르더라고요. '이 그릇에 담아야하니까 이런 식으로 자르자'라든지, 지금까지와는 생각하는 방법이 역전되었어요. 이제까지는 요리를 완성한 다음, 그릇을 선택했는데 이번에도 반대가 된 거에요. 그래도 그건 그것대로 또 적응이 되더라고요.
직업 상, 그릇의 종류도 무척 많고 테이블 위에 잔뜩 올려놓는 것이 활기차 보이고 이런 미니멀 스타일은 쓸쓸해보일 거라고 생각했어요. 하지만 자기 취향의 멋진 그릇이라면 그런 허전함이 느껴지지 않고 설거지도 쉽고, 아름다움을 느낄 수 있다는 것이 신선했어요. 쓸쓸해 보이지 않는다는 것은 큰 발견이었어요.

누마하타 아무것도 없는 테이블 위에 가장 좋아하는 그릇 하나. 그리고 거기에 일품 요리가 조금 담겨있는 이미지라는 건 무척 우아한 기분이 되지 않아요? 대접받는 느낌이요.

시모쥬 집밥을 먹을 때, 가이세키 요리를 먹을 때처럼 그릇 하나를 마주한다는 것은 생각해본 적이 없었지만 아름답고, 맛있고, 신선했어요. 그동안 조미료도 그릇도 식재료도, 어떻게 해서든지 많이 채우려고 노력했다면 이제는 생각이 달라지는 것 같아요. 덜어냄으로써 발견할 수 있는 맛이 있기 때문에 여러분도 느끼실 거라고 생각해요. 저는 앞으로도 '미니멀 밥상'을 더욱 추구해나가고 싶어요.

미니멀리스트의 키친

여기에서는 미니멀리스트의 키친을 소개합니다.
어떤 것을 먹는지,
어떤 키친에서 생활하는지.
수많은 미니멀리스트와
각자의 미니멀한 밥이 있겠지만
혼자만의 식사를 사랑하는
미니멀리스트가 있다고 상상하며.

미니멀리스트의 아침·점심·저녁

아침

아침은 밥을 먹기도 하고
가족과 맞춰서 빵을 먹는 등 제각각.
요즘에는 빵을 먹을 때가 많아요.
잼을 좋아하지 않지만
냉장고에 방치된 잼을
발견하면 열심히 소비해요.

점심

외식을 하지 않을 때는
무, 당근, 닭고기를
푹 끓인 것을 중심으로 양배추,
돼지고기, 바지락을 넣는 등
응용도 즐기고 있어요.

저녁

낫또에 우엉조림과
쪽파 듬뿍, 시라스를 넣은
달걀 낫또밥. 밤에는 기본적으로
거의 먹지 않기 때문에
안주스타일의 요리를 먹거나
낫또밥으로 마무리합니다.

미니멀 키친라이프

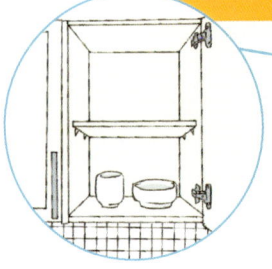

매일 쓰는 그릇만 놓는 곳을 마련

한 곳을 정해 늘 사용하는 2, 3개의 그릇만 놓아두면 깔끔한 공간을 얻을 수 있다.

컵

최소한의 필요한 물건만 갖추면 여유있는 공간을 즐길 수 있다.

젓가락, 숟가락

젓가락과 숟가락은 혼자 살면 한 벌만 있어도 되지만 손님용도 갖춰두면 좋다. 평소 쓰는 수저는 편한 상자에 담아두고 나머지는 다른 곳에 수납해두면 심플한 공간이 유지된다.

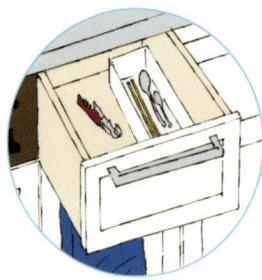

조미료

샐러드유나 참기름을 쓰지 않고 올리브유만. 양념은 후추없이 소금. 맛술은 설탕으로, 그 외는 간장, 청주, 식초, 일본 된장. 나머지는 육수를 사용하기 때문에 육수팩 또는 가츠오부시를 준비. 이것만으로 충분히 맛있는 요리를 만들 수 있다.

냄비

미니멀 고수는 냄비 하나로 밥도 짓고 볶음도 가능하지만 프라이팬 하나, 냄비 하나 정도는 가지고 있는 것이 편리. 무리하지 말고 가족 구성에 맞출 것.

가끔 쓰는 조리 도구

가능한 넣어둔다. 평소에 쓰지 않는 조리 도구를 모아 상자에 넣어두어도 좋다. 미니멀 밥상에서는 사용하지 않지만 양념절구는 있으면 편리. 수납에 여유가 있는 사람은 양념절구로 깨 가는 시간을 즐기는 것도 멋지다.

도마와 칼, 보울 등

미니멀한 작은 도마를 사용하는 것도 좋고, 하나만 쓴다면 큰 나무 도마를 추천. 도마는 물기를 완전히 없애고 또는 닦아낸 다음, 햇빛에서 완전히 말려 살균하는 것이 좋다. 쓸 때마다 수납하는 것이 보기에는 가장 좋지만 무리할 필요는 없다. 녹차나 홍차, 가다랑어포 등, 여기에만은 이것저것 넣어두어도 괜찮다는 규칙을 세운다.

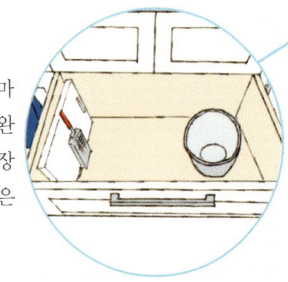

일하기 편하고 깔끔한 미니멀 키친

프라이팬 하나, 냄비 하나

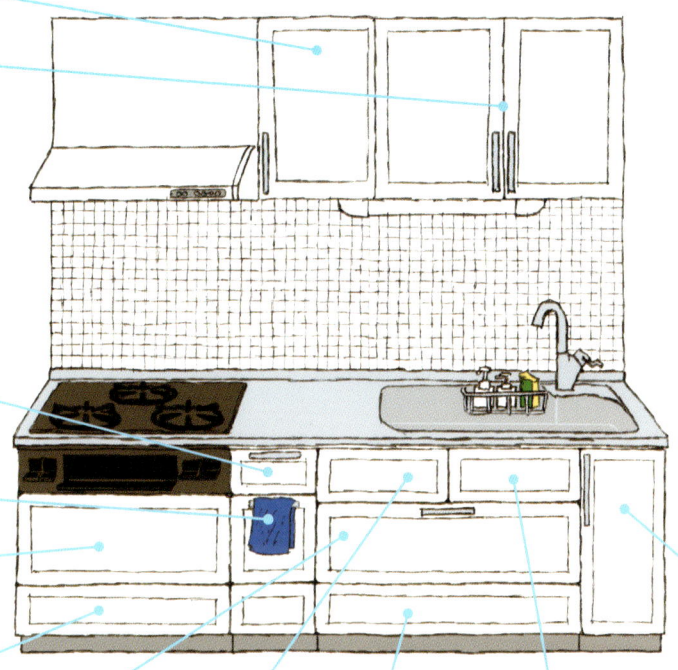

청소용 세제
베이킹소다, 구연산 등을 놓는다

자주 쓰는 조리 도구
평소에 사용하는 도구만 골라 두면 깔끔. 주걱, 요리용 젓가락, 나무주걱 등. 레시피대로 만들려면 계량스푼이 필요하지만 쓰지 않고 감각을 의지하는 것도 좋다.

손님용
가족이 많을 경우, 큰접시와 손님용 접시를 관리할 공간이 있으면 좋다.

빵
빵 전용 서랍이 있으면 편리하다. 가능한 빵만 넣고 깔끔하게 관리한다. 냉장할 필요없는 벌꿀과 함께 두는 것도 좋다. 빵을 먹지 않는 사람은 간식 서랍으로 사용해도 좋다.

미니멀 냉장고

미니멀 냉장고의 장점

공간이 넓어져 쌀이나 가루류를 보관할 수도 있어요. 냉장이 필요하고 유통기한이 임박한 것을 확인하기도 쉽답니다.

포인트

어디에 무엇이 있는지 한눈에 볼 수 있도록 한다

물건을 겹쳐서 놓지 않고 안쪽에 쑤셔 넣지 않는다. 냉장고 안의 내용물을 완전히 줄이면 통풍도 잘 된다. 물건을 줄이면 현재 무엇이 들어있는지를 한눈에 파악할 수 있어 이중 구매도 막을 수 있다.

포인트

채소실을 체크해서 다음 날 요리에 쓴다

채소실은 기본적으로는 빈 상태. 늘 다 사용하는 것을 목표로 남기지 않는다. 대량 구매를 하지 않고 그때그때 필요한 만큼만 구입하면 썩은 채소를 버리는 일은 생기지 않는다.

포인트

냉동실을 환히 보이도록 정리하고 정기적으로 체크한다

'미니멀 밥상'에서는 냉동할 수 있는 밑반찬이나 고기 등을 소개하고 있다. 냉동하면 오래 보관할 수 있어서 바쁠 때 짧은 시간에 맛있는 요리를 할 수 있다. 아무 생각없이 장기 보관하기 쉽기 때문에 지퍼백이나 보관용기 등을 잘 이용하여 보이는 수납을 하는 것이 중요. 정기적으로 체크해서 사용하도록 한다.

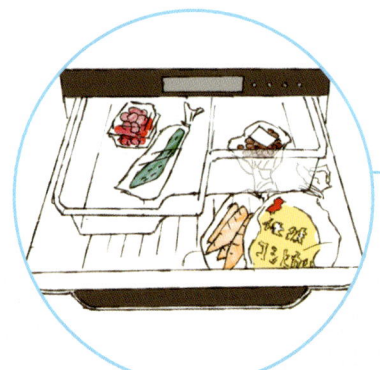

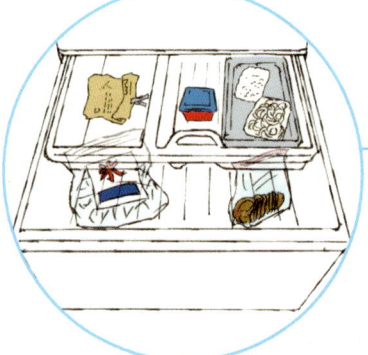

냉장고를 미니멀하게 바꾸면 생활을 바꿀 수 있다!

얼마 전에 산 채소가 어느새 썩어 있다.
냉장고에 있었는데 같은 물건을 또 샀다.
냉장고 안에 무엇이 들어있는지 정확하게 모른다.
그런 생활을 싹 바꿔주는 것이
식재료, 조미료를 미니멀하게 유지하는 '미니멀 냉장고'입니다.

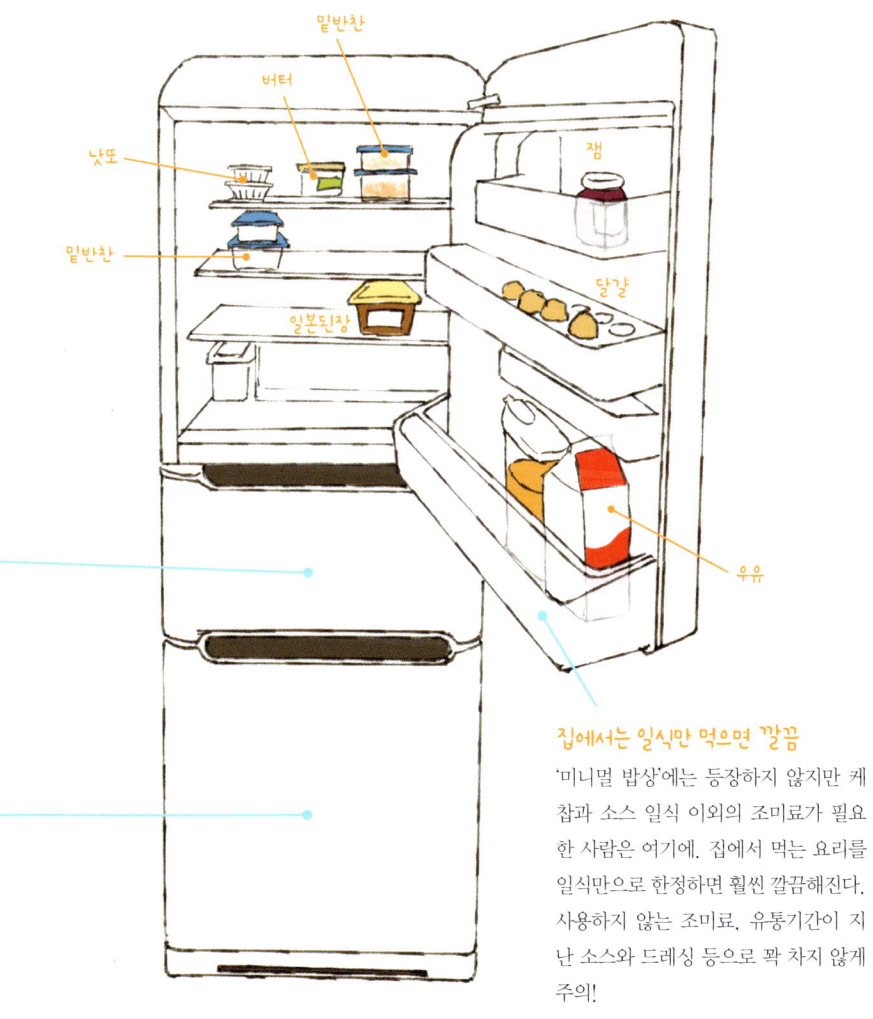

집에서는 일식만 먹으면 깔끔

'미니멀 밥상'에는 등장하지 않지만 케첩과 소스 일식 이외의 조미료가 필요한 사람은 여기에. 집에서 먹는 요리를 일식만으로 한정하면 훨씬 깔끔해진다. 사용하지 않는 조미료, 유통기간이 지난 소스와 드레싱 등으로 꽉 차지 않게 주의!

미니멀리스트 누마하타의 식탁

나의 미니멀 밥상
테이블 위에 그릇 하나가 아름답다

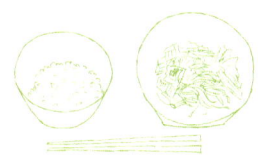

미니멀리즘을 실천하는 사람들은 저마다 다른 각자의 식탁을 가지고 있다고 생각합니다. 집에서는 밥을 먹지 않고 만들지도 않는 사람. 아주 검소한 스타일로 '밥과 절임'을 먹는 사람. 화학조미료를 절대 사용하지 않고 웰빙요리를 만드는 사람. 물건은 줄이지만 식탁은 풍성하게 유지하고 싶은 사람. 하지만 공통점이 있다면 미니멀리스트는 물건이 적은 공간에서 식사를 한다는 것입니다.

'물건이 없는 집에서 밥을 먹게 되면서 먹는 것에 집중하게 되었다'는 말을 자주 듣습니다.

감각에서 미각 부분이 섬세해지는 것 같은 신기한 기분이 든다고 합니다. 아마 '검소한 식사를 목표로 하게 되었다'는 분도 있겠지요. 일본인의 식탁은 한결같이 호화스러워지고 있지만 이런 시대에 일부러 검소한 식사를 합니다. 일본인이 옛날부터 추구했던 라이프 스타일인 검소와 청빈을 공감하고 실천하는 것입니다. '일부러 검소한 식사를 선택'하는 것은 옛날부터 세계 각지에서 요구되어 왔습니다. 친숙하게는 일본의 정진

요리가 그렇습니다. 또 에도시대의 어느 옷 가게에서는 가훈으로 검소한 식사를 장려하였고 지금도 그 가훈을 지키고 있다고 합니다.

일본 재계를 대표하는 경단련(經團連) 회장을 역임한 도코 도시오(土光敏夫)라는 인물은 사회적으로 성공했지만 검소한 '입즙일채(국 한가지와 나물 한 가지)'를 계속 실천하였습니다.

*정진요리 – 고기와 생선을 빼고 야채만으로 만든 요리

해외에서는 프로테스탄트가 검소한 식사를 목표로 했습니다. 영화 '바베트의 만찬'은 프로테스탄트적인 검소한 생활을 실천하는 마을에 파리의 일류 레스토랑 수석요리사였던 여성이 과거를 숨긴 채 도망 온다는 줄거리입니다. 얼마간 그 여성은 검소한 요리를 돕지만 어느 날 파리에서 만들었던 호화로운 요리를 마을 사람들에게 대접, 마을 사람들의 마음이 동요된다는 이야기이지요.

세계 어느 곳이든 시골의 요리는 심플한 것이 많습니다. 예를 들어 지중해 요리는 레스토랑에서는 호화로운 이미지일지도 모르지만 현지 사람들이 평소에 먹는 요리는 올리브유와 계절 음식이 기본입니다. 중화요리나 일식을 먹는 등 도쿄와 같이 다양한 식생활을 하지 않아요.

저는 오키나와의 구메 섬이라는 외딴섬에서 생활한 적이 있습니다. 당근 수확철에는 당근을 볶기만 한 요리가 매일 나온다는 느낌이었습니다. 고등어가 잡히면 매일 고등어입니다. 접시에 잘게 썬 당근만 보이는 오키나와식 당근 볶음을 현지에서는 '당근 시리시리'라고 하는데 처음에는 당황했습니다. 설마했지만 매일 계속 그 음식이 나오자 신기한 일이 벌어졌습니다. 글쎄, 맛있어진 것입니다. 일주일 후에는 좀 더 먹고 싶다고 생각할 정도였어요.

뭐든지 풍족한 시대가 되었어도 현대인의 마음속 어딘가에는 그런 검소한 식생활에 대한 향수 같은 것이 남아있는 것 같습니다. 매일 세계 각지의 맛있는 요리를 먹을 수 있는 것은 즐겁지만 제한없는 식생활이 이대로 괜찮은지 의문스러울 때도 있지 않나요? 10년도 전에 아오모리의 '숲 이스키아'를 방문한 적이 있어요. 그때 사토우 하츠메(佐藤初女) 씨가 만들어준 주먹밥을 먹었습니다. 사진을 찍느라 정신이 없어서 그분의 생각을 제대로 이해하지 못했지만 수많은 생명을 구해온 그 주먹밥과 그녀가 요리하는 부엌의 공기를 떠올릴 때마다 저도 제 부엌에서 요리를 하고 싶어집니다.

다른 사람을 위해서 검소한 식사를 만드는 것이 중요하고, 호화스러운 식사가 사람을 구하는 것이 아니라는 것을 그녀는 계속 실천해왔다고 생각합니다.

'검소한 식사가 좋다'고 생각하지만 그것은 미니멀리즘을 대표하는 의견이 아닙니다. 처음에 썼듯이 사람마다 각자의 식탁이 있습니다. 저는 검소한 식사를 좋아하지만 어떤 사람은 그것이 쓸쓸해보인다고 생각할 수도 있지요. 하지만 누구라도 쓸쓸해지려고 식사를 소박하게 하지는 않아요. 소박한 식탁에 존재하는 고요하고 안정된 시간에서 더 큰 풍요로움을 느끼기 때문에 검소를 지향하는 것입니다.

미니멀 밥상은 정취가 있습니다. 심플하고 소박하지만 멋진 시간을 보내는 비결이 숨겨져 있는 것입니다.

누마하타 나오키

미니멀 밥상
10계명

하나
많이 만들어야한다는
생각에서
자유로워진다

둘
반드시 여러 가지
영양을 섭취해야만
하는 것은 아니다

셋
한꺼번에 많은
반찬을 식탁에 올리지
않는다

넷
요리하는 중에도
주방을 늘 깨끗하게
유지한다

다섯
매일 쓰는 그릇을
두는
선반을 만든다

여섯
정기적으로 냉장고의
방치된 식품을
체크한다

일곱
밑반찬을 이용하고
'요리하지 않는 날'을
정한다

여덟
집에서 만드는 요리는
'음식의 국적'을
줄인다

아홉
컵 모양 그릇에
적게 담아
여러 번 먹는다

열
여러 가지 조미료에
의지하지 않는다

· 이 책을 만든 사람들 ·

누마하타 나오키

2013년. 우연히 대청소를 하게 된 것을 계기로 '최소한의 물건을 가지는 생활'에 관심을 가지게 되었다. 그 후 미국 사이트에서 '미니멀리스트'라는 단어와 만났고 미니멀리스트의 사고 방식을 탐구하는 사이트인 '미니멀&이즘'을 만들었다. 지은 책으로는 《최소한주의》가 있다. 이 책을 기획하고 사진과 글을 담당했다.

시모죠 미오

무사시노 미술대학교, 핫토리 영양전문학교를 졸업했다. 여러 TV 프로그램의 푸드코디네이터 외에도 잡지, 도서, 신문, 음식점, 식품회사 등에서 메뉴와 레시피 제안을 하고 있다. 도쿄 요요기 하치만에 있는 빵집 '르뱅'의 카페 '르살레'에서 매주 월요일 와인바를 열고 있다. 이 책의 레시피를 만들었다.

하치

무사시노 미술대학교 조각과 졸업 후, 조각한 나무에 색을 칠하는 일러스트 작업을 시작했다. 이것이 CM감독 눈에 띄어 파나소닉 CM 등에 원화가 채택되었다. 그 후, 《톰과 제리의 여행그림책 영국편 이것이 런던이다!》를 썼다. 최근에는 애니메이션에 몰두하고 있다. 이 책의 일러스트를 그렸다.

미니멀 밥상
식재료, 조리법, 그릇까지 최소한으로
미니멀 키친라이프

1판 1쇄 발행 2018년 4월 15일
1판 2쇄 발행 2018년 5월 30일

글과 사진 누마하타 나오키
레시피와 요리 시모죠 미오
일러스트 hachiii
펴낸이 정원정, 김자영
편집 홍현숙
디자인 나이스에이지
마케팅 소요프로젝트

펴낸 곳 즐거운상상
주소 서울시 종로구 옥인 3길 6-4 (상하그린빌 101호)
전화 02-706-9452 **팩스** 02-706-9458
전자우편 happywitches@naver.com
출판등록 2001년 5월 7일
인쇄 천일문화사

ISBN 979-11-5536-110-8
* 이 책의 모든 글과 그림, 디자인을 무단으로 복사, 복제, 전재하는 것은 저작권법에 위배됩니다.
* 잘못 만들어진 책은 서점에서 교환하여 드립니다.
* 책값은 뒤표지에 있습니다.
* 전자책으로 출간되었습니다.

ミニマルごはん 食材も作り方も器もすべて最小限のシンプルキッチンライフ
© Naoki Numahata & Mio Shimojo & Shufunotomo Infos Co., Ltd. 2017
Originally published in Japan by Shufunotomo Infos Co., Ltd.
Translation rights arranged with Shufunotomo Co., Ltd.
Korean translation rights © 2018 by Happy Dream Publishing co.
Through Botong Agency, Seoul, Korea

이 책의 한국어판 저작권은 Botong Agency를 통한 저작권자와의 독점 계약으로 즐거운상상이 소유합니다.
신 저작권법에 의하여 한국 내에서 보호를 받는 저작물이므로 무단전재와 무단복제를 금합니다.